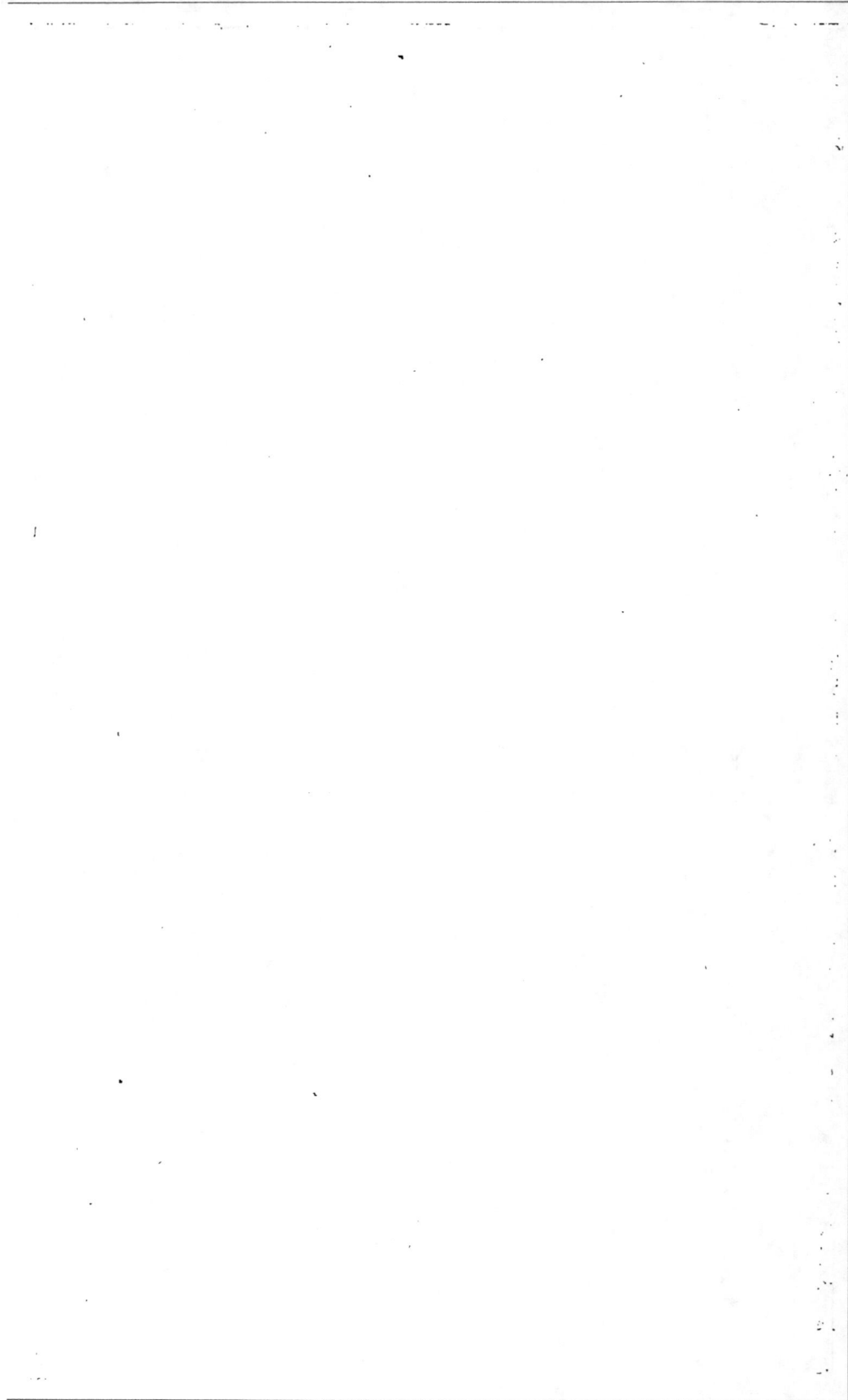

DISSERTATION

SUR

LA TRANSLATION

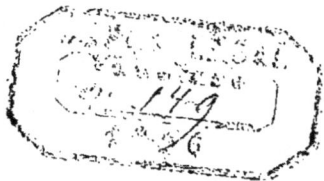

DU CORPS DE SAINT ANTOINE

DANS LA VILLE D'ARLES

CONTRE

LES PÈRES DE SAINT-ANTOINE DE VIENNE.

PAR Jh SEGUIN.

AVIGNON

CHEZ SEGUIN AÎNÉ, IMPRIMEUR-LIBRAIRE,
rue Bouquerie, 13.

1856

AVERTISSEMENT.

Cet écrit, qui paraît aujourd'hui pour la première fois, est sorti de la plume de Joseph Seguin, avocat, né à la Ciotat, mort en 1692, et auteur de plusieurs ouvrages estimés, parmi lesquels on cite *Les Antiquités de la ville d'Arles*, (*en manière d'itinéraire*), 1687, in-4°; « ouvrage savant, dit la *Biographie de Feller*, où les historiens et les antiquaires trouvent de précieux renseignements à recueillir. »

A la page 48 de l'édition de 1687 des *Antiquités d'Arles*, Joseph Seguin parle de l'église de Saint-Julien d'Arles: « Cette église, dit-il, a l'honneur de conserver dans une châsse d'argent vermeil de grand prix, le chef et les principaux ossements de l'illustre Père des déserts S. Antoine. Je sais que les Antonins du Dauphiné nous contestent la possession de ce précieux trésor qu'ils n'ont pas su se conserver; mais j'ai une Dissertation toute prête pour faire voir manifestement à tout le monde leur imposture. C'est une pièce que je leur garde, et que je n'ai pas voulu mettre, pour ne pas trop charger mon *Voyageur*. »

Eh bien! cette dissertation que l'Auteur tenait en réserve, qu'il n'a point eu occasion de publier de son vivant, est parvenue jusqu'à nous. Le manuscrit autographe qui nous en a été confié, faisait partie de la Bibliothèque du dernier archevêque d'Arles, le vénéra-

ble et saint martyr Mgr Dulau , massacré aux Carmes ,
en 1793 , et appartient à un respectable ecclésiastique
de notre connaissance.

Sa publication devient d'une importance très-grande
et d'une opportunité en quelque sorte providentielle ;
puisque les prétentions des Viennois qu'avaient fait taire
les bulles d'Alexandre VI , de Jules II et de Léon X ,
se ravivent aujourd'hui plus ardentes que jamais, et que
la question est de nouveau soumise en ce moment à la
décision du Saint-Siége.

On sait qu'en 1838 , l'autorité diocésaine d'Aix fit
procéder à la vérification et à l'authentication des reliques possédées par les différentes églises de la ville
d'Arles. Une commission composée de Messieurs les
Curés des paroisses et de plusieurs autres Ecclésiastiques
respectables fut chargée de l'examen de ces reliques ,
et s'acquitta de sa mission avec un soin consciencieux et
une extrême circonspection.

« L'examen des reliques de Saint Antoine ne donna
lieu à aucune hésitation : la commission tout entière
reconnut en elle la conformité et l'identité la plus par-
faite avec les ossements qui étaient vénérés sous ce nom
avant 1789.

« Mais le jour où toutes les vérifications préalables
étant terminées , il fut question de dresser de nouvelles
authentiques et d'apposer les sceaux de l'archevêché ,
M. l'abbé Montagard , alors recteur de l'église Saint-
Julien , déclara à la grande surprise de ses collègues,
qu'il y avait des raisons graves pour douter que les ossements réputés jusque là être ceux de Saint Antoine ,
eussent jamais été le vrai corps du grand solitaire d'É-

gypte et pour penser au contraire qu'ils pouvaient être supposés.

« Pour donner satisfaction à tous les scrupules, M. le vicaire général qui présidait la commission au nom de Mgr l'archevêque d'Aix , ajourna sagement la décision à prendre sur les reliques de Saint Antoine, jusqu'à plus ample informé, et ordonna qu'en attendant elles seraient gardées en lieu sûr.

« Ce plus ample informé a eu lieu secrètement et exclusivement, à ce qu'il paraît, par les soins de la personne même qui avait élevé les doutes. Livré à sa prévention fatale , et se croyant suffisamment autorisé par ses supérieurs , l'ancien recteur de Saint-Julien , seul , sans autre témoin qu'un ouvrier maçon, a procédé de nuit à son œuvre, à l'insu de ses collègues, membres de la commission. Les ossements ont été descendus par lui dans un des caveaux de l'église ; les parchemins , les authentiques anciennes revêtues des sceaux des archevêques d'Arles , le procès-verbal de visite de la commission de 1839, les sachets, les enveloppes parmi lesquelles se trouvaient enfermés, entre deux glaces de soie verte , les lambeaux vénérables du drap de soie blanche dans lequel les saintes reliques étaient venues de Constantinople , ce drap qu'avait vu le pape Calixte II en 1119 , et sur lequel se détachait la poussière brune mêlée de parties luisantes que le Saint Père et les Prélats de sa suite estimèrent devoir être le *résidu* du manteau de palme de Saint Paul, tout cela a été livré aux flammes, *comme choses de nulle valeur !*

« Les réflexions seraient inutiles !.....

« Ce fait incroyable , exorbitant, inqualifiable , est

demeuré secret et inconnu pendant longtemps : il le serait probablement encore , si l'ouvrage de M. l'abbé
Dassy, publié à Grenoble en 1844, *Essai historique
sur l'Abbaye de St-Antoine de Viennois*, n'était venu
appeler l'attention de l'autorité locale sur le dépôt sacré
qu'elle croyait toujours existant dans le trésor de l'église
de Saint-Julien.

« M. le Maire d'Arles ayant voulu connaître dans quel
état se trouvaient aujourd'hui les saintes reliques, fut
instruit, à sa grande surprise, de tout ce qui s'était
passé à leur sujet. Dès-lors, il a cru de son devoir, de
réparer autant qu'il pouvait être en lui le malheur qui
était arrivé ; et le 7 du mois! de mars 1845, il a fait
procéder à l'exhumation des saints ossements qui sont
aujourd'hui rétablis et mis en sûreté dans le trésor de
la fabrique. »

Ce récit est tiré de la Notice historique sur les Reliques de Saint Antoine , publiée en 1845 , par un mem-
bre de la Commission archéologique d'Arles.

M. l'abbé Dassy répondit à cette notice par un nouvel
opuscule intitulé : *Discussion sur les Reliques de Saint
Antoine du désert*, que réfuta victorieusement M. Bosc,
dans un supplément publié en 1846.

La discussion semblait terminée ; mais voilà qu'après
neuf ans d'un silence fort significatif, M. Dassy a repris
la plume et publie un nouveau livre d'environ 300 pages,
intitulé : *La Vérité sur les Reliques de Saint Antoine du
désert*, et dont le but principal est de contester toujours
à la ville d'Arles, l'insigne honneur qu'elle a de posséder les restes vénérables de ce grand patriarche des
cénobites. Nous renvoyons encore le lecteur à la réponse

de M. Bosc, insérée dans le Supplément du *Courrier des Bouches-du-Rhône*, du 2 décembre 1855.

Après avoir lu l'ouvrage de M. l'abbé Dassy, Monseigneur l'archevêque d'Aix a jugé nécessaire de faire publier dans toutes les églises d'Arles, la déclaration suivante :

Aix, le 14 décembre 1855.

« Monsieur le Curé,

« Je viens de lire un livre récemment publié, où l'on prétend que je me serais montré d'abord peu favorable aux prétentions de la ville d'Arles concernant les reliques de Saint Antoine du désert.

« Je déclare cette assertion entièrement contraire à la vérité.

« Au mois de février dernier j'ai respectueusement déposé dans une boîte scellée de mon sceau, les reliques conservées à Saint-Julien d'Arles. Lorsque le Saint-Siége à qui la question a été déférée se sera prononcé, je me soumettrai humblement à sa décision.

« En attendant, je vénère ce qu'ont vénéré les anciens Archevêques d'Arles.

« Vous lirez cette lettre au prône de la messe paroissiale.

« Recevez l'assurance de mon bien sincère attachement,

« PIERRE-MARIE-JOSEPH,

« Archevêque d'Aix, d'Arles et d'Embrun. »

Nous devons donc attendre avec confiance la décision du Saint-Siége, et nous tenir pour assurés que Dieu fera tourner à sa gloire les épreuves auxquelles il a permis que fussent soumises les reliques de ses Saints.

F. S.

DISSERTATION

SUR

LA TRANSLATION DU CORPS DE S. ANTOINE

DANS LA VILLE D'ARLES

CONTRE

LES PÈRES DE SAINT-ANTOINE DE VIENNE.

Si une ville a quelque sujet de se faire honneur de quelques restes des bâtiments antiques que l'ambition romaine éleva autrefois dans son enceinte, avec combien plus de raison doit-elle se glorifier de la possession des reliques des Saints, qui, par le crédit qu'ils ont auprès de Dieu, leur procurent d'ordinaire des avantages très-considérables! Car, « comme le feu, dit S. Basile, produit naturellement la lumière, et les excellents parfums répandent la bonne odeur, ainsi les reliques des Saints font sentir mille faveurs à ceux qui ont l'honneur de les posséder et qui les ont choisis pour leurs protecteurs particuliers. » (1)

Mais bien que tous les Saints soient puissants dans le ciel, il faut avouer qu'il y en a d'un caractère très-relevé, et qui étant comme des astres de la première grandeur, brillent dans le séjour de la gloire d'une manière beaucoup plus éclatante que les autres. Nous

---

(1) Quemadmodum ex igne naturaliter emicat splendor, ex unguento quoque præstanti diffunditur odor ; sic ex Sanctorum commemoratione gestorum ad omnes pervenit utilitas. (*Basilius in Sancti Gordii laudatione.*)

1.

pouvons , avec justice , mettre en cet auguste rang
le glorieux S. Antoine , que tous les docteurs de l'É-
glise ont révéré comme un Saint extraordinaire , nous
ayant représenté sa vie comme une suite continuelle
de miracles.

S. Athanase , patriarche d'Alexandrie , qui a écrit
la vie de cet incomparable Père des déserts , nous la
propose comme le chemin de la perfection , assurant ,
que quelque grandes et admirables que soient les actions qu'il rapporte du Bienheureux Antoine , ce ne
sont que les moindres de ses excellentes vertus. « Ce
grand Saint , continue ce patriarche , guérit tant de
différentes sortes de maladies invétérées et incurables;
il peupla les déserts de tant de millions de saints solitaires ; il convertit tant de peuples à la foi catholique ;
il remporta tant de victoires sur les démons , et il en
fit tant sortir des corps possédés , que le peuple d'E-
gypte ravi d'admiration , et les païens mêmes criaient
hautement après lui , comme fit le peuple juif après
le miracle d'Élie : *Dominus ipse est Deus ; Dominus
ipse est Deus.* (3 *Reg.* 28.) (1)

S. Augustin étant sur le point de sa conversion ,
avoue , dans ses Confessions (*L.* 8. *C.* 6.) , qu'il fut
dans un étonnement prodigieux , lorsqu'un de ses amis
nommé Potitien lui racontait les grandes merveilles
dont la vie de S. Antoine était toute pleine ; assurant
que Potitien qui lui en faisait le récit , et lui qui les
écoutait , étaient également charmés de si grandes choses , lui surtout qui les avait ignorées jusqu'alors.

(1) *Athanas.*, *in Vita Sancti Antonii.* C. 14.

Constantin-le-Grand, et ses deux fils Constance et Constant, ayant ouï parler de l'éminente sainteté d'Antoine, lui donnèrent des marques de leur estime et de leur amitié particulière ; ils lui écrivaient des lettres très obligeantes, le priant de les honorer d'une réponse. (1)

Saint-Hilarion l'appelait une colonne de lumière qui soutenait l'univers, et l'homme de Dieu dont les vertus faisaient subsister le monde, plein de crimes et de désordres. (2)

S. Chrysostôme, dans son Homélie sur S. Matthieu, après avoir exalté en peu de mots les vertus extraordinaires de cet incomparable fondateur de la vie monastique, qu'il dit avoir approché les Apôtres, et après avoir élevé ses miracles et ses prophéties, prononce cette excellente parole : « Que Saint Antoine était une des marques de la vérité de la religion catholique , parce que nul des hérétiques ne pouvait montrer un homme né parmi eux qui fût comparable à un si grand personnage. » Ces témoignages de l'éminente sainteté du Bienheureux Antoine, et une infinité d'autres aussi éclatants que je pourrais produire à sa gloire, font assez voir que cet incomparable Saint, ayant eu sur la terre un mérite si grand et si extraordinaire, est un de ces puissants amis de Dieu dans le ciel, capable de nous en obtenir les plus

---

(1) *Athan. in Vita S. Antonii. Cap.* 28. — *Zozomen Lib.* 1. *Eccles. Hist. C.* 15.

(2) Dixit Hilarion S. Antonio: « Pax tibi, colonna lucis, quæ sustines orbem terrarum. » *Verba seniorum libello* 17. *Vita S. Athanasii. Cap.* 28. — *Zozomen. Lib.* 11. *Cap.* 15.

grandes grâces. Après cela, faut-il s'étonner de voir
que chacun révère avec tant d'empressement les reliques de ce glorieux Saint; que les moines de Lésat les
disputent aux Pères de Saint-Antoine de Vienne,
aussi bien que les Bénédictins de Mont-Majour? Les
moines de Lésat, dont le monastère est dans le terri-
toire de Toulouse, disent que deux de leurs religieux
étant allés à Constantinople, et ayant été faits sacris-
tains du couvent où l'on conservait les reliques de
S. Antoine, après quelques années de séjour, poussés
par une inspiration divine, résolurent de revenir dans
leur pays, où ils portèrent secrètement le corps de
S. Antoine, ajoutant que ces saintes reliques faisaient
plusieurs miracles partout où elles passaient. Mais
comme ils ne produisent ni preuve, ni attestations
dignes de foi, nous ne sommes pas obligés de les en
croire sur leur parole, et nous devons nous en tenir
là-dessus à l'ancienne et commune croyance des fidèles, confirmée par l'autorité des souverains pontifes qui ont reconnu, par plusieurs bulles, la translation du corps de Saint Antoine, de Constantinople à
Vienne, et de là à Arles, comme nous le dirons dans
la suite.

Mais avant de nous engager dans la question pro-
posée, et qui fait le point essentiel de cette dissertation, ne devons-nous pas admirer ici la divine Providence qui a pris plaisir, ce semble, de manifester d'autant plus la gloire de notre Saint, qu'il
avait pris soin lui-même de la cacher aux yeux des
hommes, ayant très-expressément recommandé à ses
deux disciples qui le servaient depuis une quinzaine

d'années, à cause de son extrême vieillesse, d'ensevelir son corps et de le couvrir tellement de terre que nul qu'eux ne sussent le lieu où ils l'avaient mis? Et cette sainte humilité avait fait tant d'impression sur ces deux disciples, que S. Hilarion, qui fut aussi disciple de cet illustre abbé, étant allé, par dévotion, quelque temps après le décès de S. Antoine, visiter le lieu où il était mort, les deux disciples transportés de joie de la venue d'Hilarion, le menaient çà et là sur la montagne. « Voici le lieu, lui disaient-ils, où notre cher maître avait coutume de chanter des psaumes ; voici où il priait d'ordinaire ; voici où il travaillait ; voici où il se reposait lorsqu'il était las. Lui-même a planté de sa propre main cette vigne et ces arbrisseaux ; lui-même, avec beaucoup de sueur et de travail, a creusé ce réservoir pour arroser son petit jardin. Et cette bêche que vous voyez, lui a servi, plusieurs années, à labourer la terre. Hilarion voulut se coucher dans son petit lit, et le baisait, pénétré d'un saint amour pour ce cher maître. Après avoir ainsi parcouru cette montagne, qui avait environ mille pas

(1) Videres senem, scilicet Hilarionem, huc atque illuc, cum discipulis Beati Antonii discurrere: Hic, aiebant, psallere, hic orare, hic operari, hic fessus recidere solitus erat; has vites, has arbusculas ipse plantavit. Illam areolam manibus suis ipse composuit, hanc piscinam ad irrigandum hortulum, multo sudore fabricatus est. Istum sarculum ad fodiendum terram pluribus annis habuit. Jacebat in stratu ejus, et quasi calens adhuc cubile deosculabatur..... *Et plus bas :* Præterea rogabat senex ut sibi locum tumuli ejus ostenderent: qui, cum seorsim eum abduxissent, utrum monstraverint necne, ignoratur ; causam occultandi juxta præceptum Antonii fuisse referentes, ne Pergamus qui in illis locis ditissimus erat, sublato ad villam suam Sancti corpore, sacellum fabricaretur. *(Ita Hieronymus in Vita S. Hilarionis, seu epist. 2. Lib. 3. Epistol. famil.)*

de circuit, S. Jérôme, qui rapporte toutes ces peti-
tes particularités, ajoute ensuite que S. Hilarion
ayant prié les disciples de S. Antoine de lui montrer le lieu de sa sépulture, ils le menèrent à l'écart,
et on ne sait, dit S. Jérôme, s'ils le lui montrèrent
ou non. Ils disaient qu'ils le tenaient ainsi secret,
suivant que S. Antoine le leur avait ordonné ; de
crainte que Pergame, qui était un homme fort riche
de ce quartier-là, n'enlevât le corps pour le faire porter chez lui et lui bâtir une chapelle: ce qui était contre l'intention de leur maître, qui ayant toujours fui
les honneurs qu'on lui rendait de tous les endroits du
monde pendant sa vie, ne voulait pas que son corps
reçût aucune gloire après sa mort, et encore moins
qu'il donnât occasion aux fidèles de se quereller pour
l'avoir, comme nous le dirons en son lieu.

Mais quelque précaution que son humilité lui fit
prendre pour éviter les honneurs qu'il prévoyait bien
qu'on rendrait à son corps, après son décès, Dieu permit enfin, après un grand nombre d'années, que ces
saints ossements qu'il avait fait cacher avec tant de
soin, fussent trouvés miraculeusement dans la Thé-
baïde, et de là transportés avec une magnificence incroyable, dans l'église de Saint-Jean-Baptiste, qui
était une des plus belles de la ville d'Alexandrie, et
qu'enfin la ville d'Arles se vit en possession, la dernière, d'un dépôt si précieux, l'honorant d'un culte
singulier, et ayant choisi S. Antoine pour son protecteur particulier.

Mais pour satisfaire à la louable curiosité que tant
de personnes ont de savoir de quelle manière le corps

de cet incomparable Saint a été transporté dans la
ville d'Arles, et pour nous défendre des noires calom-
nies dont Messieurs de Vienne nous chargent tous les
jours sur ce sujet, par leurs paroles et par leurs écrits,
il est juste de leur faire savoir que les Messieurs d'Arles ne sont pas des abuseurs ni des imposteurs comme
ils nous appellent, sur le fait des reliques de S. Antoine. Et pour le faire par de bonnes raisons et non
par des injures, il faut prendre la chose dans sa source, et supposer premièrement avec S. Athanase et les
autres historiens de la vie de notre Saint, que cet illustre solitaire fut Egyptien de nation; qu'il naquit en
262 de Jésus-Christ (1) de parents chrétiens, nobles
et riches; qu'il mena une vie pénitente et toute cé-
leste dans un désert affreux pendant l'espace de 87 années; qu'il mourut âgé de 105 ans; que sa mort arriva sous l'empire de Constance, vers l'an 357; que
Dieu permit (2) que son corps fût trouvé dans la Thé-
baïde, vers l'an 529, sous l'empire de Justinien 1er;
qu'il fut porté, avec une grande vénération de tout le
peuple d'Egypte, dans la ville d'Alexandrie; qu'il y
reposa jusqu'à ce que les Egyptiens ayant secoué le
joug de l'empire, et les Sarrasins s'étant rendus maître de l'Arabie, les Chrétiens qui étaient dans ces con-
trées furent obligés de se retirer à Constantinople, où
ils portèrent les reliques de plusieurs Saints, parmi
lesquelles celles de S. Antoine furent des plus consi-

(1) Selon S. Jérôme, en la vie de S. Paul, premier ermite.
(2) Cela paraît dans les Martyrologes les plus anciens : dans le Romain,
dans ceux de Bède, d'Ysnard et d'Abdon, et dans les Histoires Ecclésiastiques d'Isidorus, de Treculfus, etc.

dérables, ce qui arriva vers l'an 704, comme le rap-
portent Galesimus, Ferrarius, Mansolicus et quelques
autres historiens qui citent les anciens commentaires
de Vienne.

Ce saint corps fut mis dans une magnifique église
de Constantinople par le commandement de l'empereur, où il reposa jusques vers l'année 1070, qu'il fut
transporté en France. Presque tous les auteurs con-
viennent de cette translation; mais ils ne s'accordent
pas de la manière qu'elle fut faite. Et sans nous arrêter aux fables dont les Antoniens remplissent leur histoire sur ce sujet, Bollandus (1), et, après lui, le Père
Claude Chantelou, Bénédictin, dans son Histoire manuscrite de Mont-Majour, sont ceux-là, à mon avis,
qui expliquent le mieux cette translation. Ils disent
qu'environ vers le temps que nous venons de marquer,
un jeune seigneur de la province de Vienne, fils du
comte Guillaume, qu'on appelle communément S.
Guillaume-des-déserts, nommé Jocelin (2), également

(1) *Tom. III. Vitæ SS. Die 17 Januarii.*

(2) *Extrait des Archives de la vénérable église de Saint-Julien d'Arles, d'un livre écrit sur parchemin assez difficile à lire :*

« Incipit translatio Sanctissimi corporis Antonii a Constantinopoli ad Vien-
nam, ubi nunc sanctum corpus requiescit, cujus vita a Beato Athanasio,
Alexandrino episcopo, habetur in historiis ecclesiasticis (*L. X. Cap. VIII*).

Qualiter filius Guillelmi comitis dictum corpus apportavit, quamquam, fa-
vente Deo, Beati Antonii vitam, a beatæ memoriæ Athanasio, Alexandriæ
Ecclesiæ archiepiscopo, ad eruditionem fidelium luculento sermone digestam,
fratres Charissimi, legendam habeamus, operæ pretium est ut et id scripto
nihilominus inferatur, etc.

« Servata igitur veritate, quia id audivimus, pro modulo nostro in medium
proferam. Comes Brussinus qui unus de peregrinatoribus fuisse creditur, qui
etiam nec pro merito benæ vitæ suæ quam in monasterio diu duxisse refer-

recommandable par sa sagesse, par sa piété et par sa valeur, venant de visiter les saints lieux de Jérusalem, et particulièrement le sépulcre de Notre-Seigneur, vou-

tur, sanctus Guillelmus appellatus, filium quemdam Jocelinum nomine, probitatis suæ non degenerem, habuit. Cum ad virilem ætatem pervenisset, causa orationis Jerosolimam petiit : qua feliciter peracta peregrinatione, ad curiam Constantinopolitanam imperatoris ductus, gratiam plurimam apud ipsum imperatorem ad omnes amicos ejus invenit. Cumque ibi per dies plurimos moratus fuisset, et omnibus carus esset, tandem inde repatriare desiderans suosque invisere, ante ipsum imperatorem redeundi licentiam postulaturus accessit ; verum ille, præsentia bonæ indolis plurimum delectatus, dare ei quam postulabat redeundi licentiam differebat, sed ut diutius secum immoraretur amicabiliter obsecrabat; sed cum non amplius eum secum detinere valeret, de thesauris suis quicquid sibi placeret accipere præcepit ; sed ille, non cupiens aurum nec argentum nec aliquid hujusmodi, capsulam tantummodo in qua Beati Antonii corpus continebatur et honorifice tenebatur expetiit et accepit, licet quodlibet ei munus aliud imperator largiri mallet, eo videlicet quod plurimam in Beato Antonio fiduciam haberet, et plurimum illum veneraretur et diligeret, et multas ante eum quotidie preces funderet. Verumtamen illud denegare noluit, quia cuncta alia dona donatura a se accipere recusabat. Illud autem gratanter suscipiens pro summo munere, valedicens omnibus, festinanter cum suo cuneo cœpit redire, confidens in tantum de sacrosancti corporis munimine, ut æstimaret sibi prorsus non posse quicquam mali accessurum ; et revera, sicut Dominus dixit quod omnia sunt possibilia credenti, nihil triste sibi, licet inter barbaras gentes transierit, in eodem contigit itinere, sicuti et alacris sua revisere ; ex quo nimirum factum ut tam ipse quam posteri ejus post eum, post multa annorum curricula, secum quousque pergerent deferri fecerunt, et nunquam post se relinquere vellent ; adeo cum de ejus tutamine confidebant, ut nihil sinistrum posset sibi surrigere suspicarentur, sed prospera cuncta quæque aggrederentur evenire sperarent, quamdiu videlicet illud in præsentia haberent ; et ideo, ut dixi, ubicunque profecturi forent coram se semper deferri faciebant, et sine illo etiam in expeditionibus ire nollebant. Quod, licet non sit abigandum quin ex devotione facerent, indecens tamen et temerarium dominus Papa, cum ad ejus notitiam pervenisset, fore adjudicavit ; quia hujusmodi personæ tanti Confessoris sacro-sanctas reliquias sub custodia sua haberent, et armati exercitus ad bella deferrent, eapropter quidem illarum desiderio verebantur,

1.

lut passer, à son retour, à Constantinople, pour saluer
l'empereur, qui était, selon quelques-uns, Constan-
tin Pogonat, et selon quelques autres, Héraclius : et
en ayant été reçu avec beaucoup de bonté, après quelques mois de séjour, demanda son audience de congé
à ce prince, qui le lui fit demander plusieurs fois, dans
le dessein de le retenir dans sa cour. Mais le voyant
résolu de s'en retourner, il lui offrit d'or et d'argent ce
qu'il en voudrait, tant pour son voyage que pour passer
commodément le reste de sa vie. Mais le jeune comte
ne demanda jamais autre chose que le corps de S. Antoine, et bien que l'empereur eût beaucoup de peine
à lui accorder ces saintes reliques dont il faisait un cas
particulier, et auxquelles il avait une très-grande confiance, ne voulant pas néanmoins le renvoyer mal-
content de la cour, lui donna permission de trans-

quique quasi hæreditario jure eisdem relictas vindicarunt, et exemplo patrum
suorum nunquam pergere se conferebant ; idem Summus Pontifex mandare
curavit ut nequaquam deinceps ita secum deferre præsumeret, sed cuicunque
mallet de abbatibus religiosorum virorum timentium Deum conservandas
traderet.

« Extracta fuit præsens copia ab archiviis venerabilis ecclesiæ Sancti-Ju-
liani, in qua gloriosum corpus Beati Antonii quiescet, et a quodam libro in
eisdem reperto, in quo continetur, ut in eodem legitur, processus Beati Lu-
dovici coopertus postibus cum choreo iisdem conglutinato, in pergameno des-
criptus, incipiente in primo folio, *In nomine Domini, amen*, et finit in ultima sui linea : *eamdem abbatiam ;* in penultimo folio ejusdem libri incipit
Montis-Majoris XIX, et finit in eadem prima linea *ibidem cui*, et in ultima
sui linea, *folio CCCXXVIII*, in ultimo vero folio nihil est scriptum, et deinde,
facta debita collatione per me Andream Beguini, cum proprio originali hic
me subscripsi, et signo meo manuali signavi, anno Incarnationis Domini
millesimo quadringentesimo nonagesimo tertio, et die decima quarta septembris. »

A. BEGUINI, Notarius.

porter ce précieux trésor dans la province de Vienne. Jocelin, ravi de la possession de ce sacré dépôt, après en avoir rendu ses très-humbles remercimens à l'empereur, donna ordre à son embarquement pour s'en-retourner en France, où il arriva heureusement avec le corps de S. Antoine qu'il révéra d'un culte particulier jusqu'au dernier moment de sa vie.

Après la mort de ce comte qui ne laissa aucun enfant, ses biens et les précieuses reliques de S. Antoine échurent au sieur Deydier baron du Dauphiné, qui était le plus proche de ses parents. Ce nouveau possesseur de ce corps en faisait tant d'estime que lui et son fils, nommé Louis, le faisaient porter partout où ils allaient. De quoi le pape Urbain II ayant été averti, leur commanda, sous peine d'excommunication, de remettre ces saints ossements en quelque abbaye qu'il pourrait choisir, où ils seraient dans un lieu plus décent et plus honorable. Ce baron, voulant obéir au Saint-Siége, aussi bien que son fils, jetèrent les yeux sur les moines de Mont-Majour du diocèse d'Arles, qui menaient une vie fort exemplaire dans ce désert, et prièrent l'abbé, l'an 1091, de leur donner quelques-uns de ses religieux pour faire le service divin dans un lieu nommé la Motte, dont ils étaient seigneurs, à condition qu'ils lui remettraient le Prieuré de ce lieu avec toutes ses dépendances et le corps de S. Antoine. Ce qui est justifié par l'acte de cette donation conservé dans les archives de Mont-Majour, confirmé par une bulle d'Urbain II, et par un arrêt du Parlement de Grenoble, qui autorise ces actes, et qu'on voit aussi dans les mêmes archives.

Après avoir ainsi remis ces saintes reliques à l'abbaye de Mont-Majour et à ses moines, ils jetèrent les fondements d'un nouvel hôpital, près de l'église de Saint-Antoine, dans le même lieu de la Motte. Cet hôpital était à peine bien commencé que le sieur Gaston, gentilhomme de Vienne, avec Guérin son fils, et quelques autres personnes de qualité, touchées de dévotion, entrèrent dans cet hôpital pour servir les malades frappés du feu qu'on appelait communément de S. Antoine. C'était une espèce de peste qui, au rapport des auteurs de ce temps-là, faisait un grand ravage dans l'Europe. Cette maladie avait été présagée quelque temps auparavant par un dragon de feu, qu'on avait vu volant au milieu de l'air, et qui vomissait des flammes de sa gorge. Ce fut d'abord après cette effroyable apparition que cette maladie eut cours. C'était comme un feu dévorant qui après avoir gangrené les pieds et les mains, consumait ensuite, à la manière des charbons pestilentiels les parties nobles, et donnait cruellement la mort à ceux qui en étaient atteints; ou il les réservait à une vie beaucoup plus cruelle que la mort même. (1)

Le remède le plus ordinaire et même le plus souverain dont on se servait en ce temps-là, c'était d'avoir

(1) Anno 1088, scribit Meyrerus, 3 kalend. septembris, visus est igneus draco volare per medium cœli, et ex ore suo quasi flammas evomere, statimque subsecutus est pestilens ille morbus qui *ignis sacer* vocatur, quo quidem igne, ut prodit Sigibertus, interiora consumente, multi computrescentes, exesis membris instar carbonum ingravescentibus, aut miserabiliter moriebantur, aut manibus et pedibus putrefactis, truncati, miserabiliori vitæ reservabantur.

recours aux reliques de S. Antoine (1). Aymar Faucon
rapporte sur ce sujet, dans son Histoire Antonienne,
qu'on avait coutume de laver les saints os de S. Antoine avec du vin, le jour de l'Ascension ; qu'on les
portait en procession avec une grande magnificence,
et que ce vin qu'on gardait dans des vases d'argent,
servait d'un remède très-efficace, pendant le reste de
l'année, pour la guérison de plusieurs maladies, et
particulièrement pour celle du feu S. Antoine dont
nous venons de parler.

Les secours sensibles qu'on recevait par l'intercession
de S. Antoine attiraient dans la Motte un nombre prodigieux de malades, qui, se faisant porter dans cet hôpital, le rendirent bientôt célèbre dans le monde : et
ces messieurs qui en avaient la direction, comme nous
disions, servant les malades avec beaucoup de charité
et de succès, et même lui ayant donné tous leurs biens,
obligèrent, par leur exemple, plusieurs autres personnes à les imiter. Ils vivaient dans cet hôpital comme dans une congrégation, sous le nom d'Hospitaliers
de Saint-Antoine, sans faire toutefois aucun vœu de
religion. Voulant néanmoins se distinguer du reste des
hommes par quelque marque extérieure qui eut rapport à leur emploi, ils prirent la figure du T grec de
couleur bleue, comme pour marquer, par cette poten-
ce ou bâton d'appui, les soulagements et les guérisons
miraculeuses que les estropiés et les malades recevaient
dans leur hôpital par l'attouchement des reliques de

(1) Tam diræ pesti, ut est apud Aymarum Falconem et Farseto, præ-
sentissimum remedium afferebant implorata B. Antonii suffragia, ut est in
Historia Montis-Majoris, *pag.* 239.

S. Antoine. Cependant , le bruit de tant de miracles
extraordinaires que Dieu faisait par l'intercession de
notre Saint, se répandant peu à peu, non seulement
parmi le peuple voisin du Dauphiné , de Provence et
du Languedoc , mais encore dans les provinces les
plus éloignées , et même dans les royaumes étrangers,
il y venait des gens de toutes les parties du monde chré-
tien : les uns, pour s'acquitter de leurs vœux ; les autres pour être guéris de leurs maladies ; les autres, enfin , poussés par une sainte curiosité, venaient visiter les reliques d'un Saint qui ayant été l'admiration
de l'Orient, pendant sa vie, était devenu , après sa
mort, un spectacle d'une vertu véritablement divine
dans l'Occident. Mais ce grand concours de peuple et ce
nombre infini de miracles qui devaient être aux Viennois un sujet de bénédiction et d'actions de grâce en-
vers le ciel , leur fut la cause innocente de plusieurs
grands désordres qui arrivèrent à l'occasion des offran-
des , des legs pieux et des aumônes que les fidèles faisaient à l'honneur de S. Antoine. Car les Hospitaliers
voulaient se les attribuer, sous prétexte de leur hôpital , et les moines croyaient que tous ces avantages
leur appartenaient, tant parce qu'ils avaient ces saintes reliques qu'à cause qu'ils faisaient le service divin
dans l'église de Saint-Antoine et dans le monastère de
la Motte, qu'ils avaient dessein de rendre un des plus
magnifiques de leur Ordre. Ils eurent de grandes con-
testations là-dessus, ce qui les obligea de porter leurs
plaintes au Saint-Siége, sous le pontificat de plusieurs
papes, comme de Clément IV , de Grégoire XI et de
quelques autres souverains pontifes; mais tous ces

papes n'ayant point terminé leurs différends, soit faute
de loisir, soit parce que l'affaire leur paraissait très-
délicate, les supérieurs des deux monastères trouvè-
rent bon, par l'entremise de leurs amis communs, de
s'en rapporter à la décision du seigneur Bertrand, évêque de Nîmes, qu'ils choisirent pour arbitre, afin qu'il
les accordât amiablement. Ce prélat les ayant ouïs, et
considérant tout ce qu'ils pouvaient alléguer de part
et d'autre, jugea que ce différend ne pouvait se terminer entre l'abbé de Mont-Majour et le Maître de cet hôpital que par l'union de ce prieuré et de l'hôpital. Et
il fut le premier qui proposa cette union par la sentence arbitrale rapportée dans l'Histoire de Mont-Majour par le Père Chantelou. Cette affaire fut portée
ensuite à Nicolas IV, mais ce pape n'ayant pas été
bien informé des bonnes intentions des moines, et
s'étant laissé prévenir en faveur des Antoniens, témoi-
gna qu'il voulait unir non-seulement le prieuré de la
Motte avec l'hôpital, conformément à la sentence arbitrale de l'évêque de Nîmes, mais même qu'il voulait
unir l'abbaye de Mont-Majour, et la rendre dépen-
dante de l'hôpital de la Motte.

Mais les moines ne pouvant se résoudre à quitter un
bien qui leur avait été donné depuis si longtemps, et
qu'ils possédaient si justement, et encore moins con-
sentir à l'union prétendue de l'abbaye de Mont-Majour
avec cet hôpital, renouvelèrent leurs plaintes avec
plus d'instance après la mort de Nicolas IV, sous le
pontificat de Boniface VIII. Ce pape désirant mettre
fin à ces désordres qui duraient depuis si longtemps,
commit, par une bulle expresse, la seconde année de

son pontificat, l'archevêque d'Arles, et l'évêque de
Marseille, pour citer les moines et les hospitaliers à
comparaître dans deux mois devant Sa Sainteté, avec
tous leurs papiers et titres, pour vider définitivement
ce procès. (1) Et l'année suivante, les uns et les autres
ayant été ouïs, ce pape ordonna que le prieuré de
la Motte, avec toutes ses dépendances, demeurerait
uni à cet hôpital ; que les moines de la Motte se reti-
reraient en leur ancien monastère de Mont-Majour
pour ne revenir jamais dans leur prieuré de la Motte,
à condition toutefois que les Hospitaliers, que ce
pontife déclara religieux sous la règle de Saint-Augus-
tin, payeraient annuellement à l'abbaye de Mont-
Majour la somme de mille trois cents livres qu'ils
seraient obligés de faire tenir aux moines dans la ville
de Nîmes, où cette somme leur serait comptée dans
le couvent des Frères Mineurs ou des Prêcheurs, pour
toute l'Octave de la Pentecôte, sans aucun délai,
sous peine d'excommunication. (2) Les Moines, ayant
eu vent de cette bulle, et voyant qu'elle les obli-
geait de sortir de leur Prieuré, mirent, en premier
lieu, les reliques de S. Antoine (qui étaient entre
leurs mains) en un endroit assuré pour pouvoir les
transporter sans peine dans l'abbaye de Mont-Majour
au cas qu'ils ne pussent rien obtenir du Saint-Siége par
la longueur, en tâchant de renvoyer l'affaire sous un
autre pontificat, et qu'ils dussent sortir nécessairement de leur Prieuré autant en vertu de cette bulle

(1) Cette commission est rapportée dans l'Histoire de Mont-Majour.
(2) Cela se voit dans la bulle de Boniface VIII, qui est dans les Archives de Mont-Majour, et dans Baronius.

que par la violence des Hospitaliers. En effet, ceux-ci étant tous originaires du lieu, et les plus forts, dressèrent leur partie, et résolurent de surprendre les moines pendant la nuit, et de les chasser, même avant le temps marqué par la bulle de Boniface VIII, croyant que, dans ce désordre inopiné, ils n'auraient ni le jugement ni le loisir de rien emporter du Prieuré et encore moins de songer aux reliques de S. Antoine. Une partie de leur dessein réussit, qui fut de chasser les moines de la Motte ; mais par un coup de la divine Providence, ils ne purent se garantir de la perte irréparable qu'ils firent, dans cette journée, des reliques de S. Antoine, comme la suite le fera voir.

Il serait difficile de dire avec quelle joie nos moines chargés d'un si doux fardeau, revenaient en leur ancien monastère. Ils ne couraient pas seulement, il semblait qu'ils eussent des ailes et qu'ils volaient, s'il faut ainsi dire, marchant nuit et jour. Ils se détournaient de temps en temps du droit chemin, crainte de tomber entre des mains impies. Ils arrivèrent enfin heureusement à Mont-Majour où ils remettent les saintes reliques de leur très-cher Père entre les mains des solitaires de ce désert, véritables enfants du bienheureux Antoine. Ceux-ci, pleins d'admiration, reçoivent ces saints os, et particulièrement cette sainte tête qui leur était déjà connue, avec un respect et avec une joie qui ne se peut exprimer. (1) Et après les avoir

---

(1) In manus miscentur amplexus ; et post sanctum osculum : En quem tanto labore quæsita Et immolantes Deo sacrificium laudis, noctem transegere vigiliis. *Beatus Hieronymus in Vita Sancti Pauli.*

embrassés plusieurs fois, ces chers confrères, et leur
avoir donné le saint baiser, ils se conjouissent tous
ensemble de l'arrivée d'Antoine leur nouvel hôte; ils
s'estiment infiniment plus heureux par la possession
de ce saint corps que par celle de tous les prieurés du
Dauphiné.

Ils le baisent mille fois avec des transports d'allé-
gresse. Ils établissent une fête solennelle tous les 10
de juin, qui est le jour de cette translation, avec une
procession qu'ils ont toujours faite depuis ce temps-
là, dans l'abbaye de Mont-Majour, en mémoire de
cette heureuse journée. Et après avoir baisé plusieurs
fois ces précieuses reliques, ils les cachent dans l'endroit le plus assuré de leur monastère, jusqu'au
temps que Pontius de Ulmo, un de leurs abbés, ayant
fait bâtir la superbe tour que nous y voyons encore,
tant pour servir de défense à l'abbaye contre les
insultes de l'ennemi, que pour élever à la gloire de
notre incomparable Egyptien un magnifique mausolée,
plus glorieux cent fois que toutes les pyramides
d'Egypte, y fit enfermer ces saintes reliques, où
elles ont demeuré l'espace de 200 ans presque in-
connues au monde, mais non pas aux saints qui
vivaient pour lors sur la terre, comme nous dirons
dans la suite. Ce qui vérifie parfaitement la prophétie
du glorieux S. François qui avait prédit par un esprit
prophétique, longtemps auparavant que cette translation arrivât, que le corps de S. Antoine qui était à
Vienne demeurerait longtemps caché, ayant presque
marqué l'an et le jour auxquels la divine Providence
devait manifester de rechef aux hommes la gloire de

cet incomparable solitaire, comme il est justifié dans la vie de S.-François.

Certainement nous pouvons dire que les désordres que S.-Antoine avait toujours si fort appréhendés à l'occasion de son corps arrivèrent enfin, non véritablement du côté des Egyptiens, mais des Français. La modestie chrétienne demanderait sans doute ici qu'on ensevelît dans un éternel silence tant de procès honteux, tant d'inimitiés scandaleuses, tant de mouvements tumultueux et tant de cruels ravages qui furent excités en France parmi des religieux, à l'occasion de ces saintes reliques. Mais l'histoire de cette translation nous oblige nécessairement d'en dire un mot en passant, et de nous écrier avec le poète :

Quid non mortalia pectora cogis
Auri sacra fames! (1) (*Virgil. Eneid.*)

En effet, il n'est que trop vrai de dire que l'intérêt est cet esprit universel qui anime presque tous les hommes, et qui les fait agir dans le monde, et que ce fut particulièrement cet esprit d'intérêt qui donna occasion aux Pères de S. Antoine de Vienne, de déclarer de nouveau la guerre aux Pères Bénédictins de Mont-Majour. Car ils ne se contentèrent pas de les avoir chassés de leur Prieuré de La Motte, ils firent encore tous leurs efforts pour se délivrer de la pension annuelle de mille trois cents livres qu'ils étaient obligés de leur faire, sous peine d'excommunication, par la bulle de Boniface VIII, comme nous le disions. Et

(1) Mais détestable amour du plus beau des métaux,
Combien inspires-tu de crimes et de maux !

l'abbaye de Mont-Majour étant vacante par la mort
d'Eustache, son abbé, arrivée vers 1489, ils voulu-
rent s'en prévaloir ; ils agirent plus fortement que
jamais auprès du roi Charles VIII, et ils firent tant par
leurs sollicitations importunes, qu'ils en obtinrent
des lettres par lesquelles le roi remontrait à ce pontife
que, tant pour l'honneur de S. Antoine dont le corps
était à Vienne, comme il le croyait, que pour éteindre entièrement les querelles qui duraient depuis si
longtemps entre les Pères de Saint-Antoine de Vienne
et les Pères Bénédictins de Mont-Majour d'Arles, il
fallait unir cette abbaye à celle de la Motte. Le pape
ayant été déjà disposé à cette union par la brigue des
Antoniens protégés à Rome par le cardinal d'Anjou,
n'eut pas beaucoup de peine d'accorder la demande
du roi ; de telle sorte que, l'an 1489, le 2 juin, il ren-
dit sa bulle par laquelle il éteignit non seulement la
pension annuelle de mille trois cents livres, et
exempta des arrérages dus depuis dix ans à l'abbaye
de Mont-Majour par les Antoniens, mais encore il
unit et incorpora cette abbaye à celle de Saint-
Antoine. Le cardinal d'Anjou qui avait beaucoup de
part à cet affaire, et qui devait profiter d'une pension
annuelle de mille et deux cents ducats d'or que l'abbé
de Saint-Antoine lui devait donner, suivant l'accord
fait entre eux, d'abord après qu'il aurait pris possession de l'abbaye de Mont-Majour, lui porta en triomphe cette bulle d'union, et il la fit publier en France
le 31 août de la même année. Le roi, qui se trouvait
pour lors à Lyon, ordonna, par des lettres du 19 no-
vembre suivant, que cette bulle serait exécutée dans

toute son étendue par le gouvernement de Dauphiné, et enregistrée par le Parlement de Grenoble, qui en fit la publication le 23 décembre de la même année. Il ne restait plus qu'à la signifier à la partie adverse et à prendre possesion de l'abbaye de Mont-Majour; mais c'était-là le point de la difficulté. Car nos moines étaient résolus de s'opposer de tout leur pouvoir à l'exécution de cette bulle. Ils attirèrent à leur parti Louis de Vieta, seigneur de Condé, et Nicolas de Raynaud, seigneur d'Arles; et, à l'exemple de ces deux gentilshommes, les sieurs Jean d'Arlatan, Gauchier de Quiqueran de Beaujeu, Jacques de Romieu, Louis de Raynaud, et quelques autres des plus nobles familles de la ville, se joignirent aux deux premiers. Ils signèrent leur opposition le 2 décembre suivant, pour empêcher que le sieur de Rochemaure, qui avait été nouvellement nommé à l'abbaye de Saint-Antoine, ne prît possession, ou par lui-même, ou par des procureurs, de l'abbaye de Mont-Majour, avec dessein de remontrer au roi l'injustice qu'on faisait à la ville d'Arles de supprimer la dignité abbatiale de Mont-Majour, qui était sans contredit une des plus anciennes et des plus illustres du royaume, en faveur des Antoniens leurs plus irréconciliables ennemis; espérant de la justice et de la bonté du roi qu'il révoquerait son édit, après que son Conseil aurait été plus amplement informé de la vérité dont il s'agissait.

Et pour faire plus de confusion aux Antoniens, ils font publier partout qu'ils ont le corps de S. Antoine; que les moines, en se retirant de leur prieuré de la Motte, le portèrent avec eux à l'abbaye de Mont-Ma-

jour ; ils envoyent par les villes et par les provinces
des personnes pour faire la quête accordée par le Saint-
Siége à l'honneur des reliques de S. Antoine ; et pour
les conserver à l'avenir avec plus de sûreté, ils trans-
portent ce saint corps de l'abbaye de Mont-Majour ,
où il était demeuré caché tant d'années dans l'église
paroissiale de Saint-Julien qui est dans la ville, et qui
est annexée à cette abbaye ; ce qui se fit avec des ac-
clamations de joie de tout le peuple, tant d'Arles que
des provinces voisines , et avec une magnificence tout
extraordinaire , le 9 janvier 1491.

Dire combien cette publication inespérée des reliques de S. Antoine dans la ville d'Arles surprit les
Antoniens de Vienne, c'est ce qui serait bien difficile.
Ils demeurèrent dans un étonnement qui ne se peut
exprimer. Et voyant que le bruit s'en répandait déjà
partout , ils étaient dans un si grand trouble d'esprit
qu'ils ne savaient que faire pour empêcher les suites
de cette nouvelle dévotion. Ils se présentent d'abord
aux portes de l'abbaye de Mont-Majour; ils produisent
leurs titres et leurs bulles ; mais en étant repoussés
par les moines, avec des paroles rudes , ils y revien-
nent à la tête de 4 ou 500 hommes armés de toutes pièces. Ils menacent d'assiéger l'abbaye, et de faire un en-
tier carnage des moines , s'ils ne leur rendent le corps
de S. Antoine , et s'ils ne leur laissent prendre possession de l'abbaye ; mais comme ils trouvent des hommes
intrépides, résolus de perdre plutôt la vie que les reliques de notre Saint , ils assiégent l'abbaye de tous
les côtés; ils font jouer leurs machines, et ils n'oublient
rien pour prendre cette place d'assaut. Mais ils n'ont

aucun succès dans leur entreprise. Car la nouvelle n'en
est pas plus tôt venue aux Consuls d'Arles, qu'on voit
sortir de cette ville plus de 200 gentilshommes à la
tête d'un peuple véritablement martial, lesquels bien
qu'armés à la hâte , chargent si vigoureusement les
Viennois, que les uns ayant été taillés en pièces , et
les autres ayant pris la fuite, toute cette belle armée
qui avait tant coûté de soins et tant d'argent aux Antoniens, est dissipée presque dans un moment. Cependant l'abbé de Saint-Antoine ne pouvant voir sans un
très-grand chagrin l'affluence des pèlerins qui avaient
coutume d'aller à Vienne gagner tous du côté d'Arles,
sur le bruit de cette translation, crut qu'il ne pouvait
pas mieux désabuser les peuples de cette nouvelle dévotion qu'en exposant publiquement dans Vienne le
prétendu corps de S. Antoine. En effet, Aymar Faucon rapporte dans son Histoire Antonienne (1) , que
la caisse qui renfermait autrefois ces saints os, fut ou-
verte deux fois dans cette année. La première ouverture fut faite à la sollicitation de l'abbé de Saint-Antoine, par l'entremise du seigneur Jean, évêque de Viviers, en présence de la plus grande partie du clergé
de Vienne et des principaux seigneurs du Dauphiné.
Où il faut remarquer que les Antoniens, pour venir plus
facilement à bout de leurs desseins et pour ôter toute
sorte de doute sur la vérité des reliques dont il s'agissait , firent quelques jours avant l'Ascension de la
même année, une assemblée générale dans laquelle il
fut proposé et résolu qu'on exposerait au peuple les pré-

(1) 4ᵉ Partie. Chap. 3.

tendues reliques de S. Antoine, en présence de deux
médecins et de deux chirurgiens non suspects, et qui
rapportant tous ces os à un des bras de ce Saint qui
était dans un reliquaire d'argent fait en forme de bras
humain, que les moines leur avaient laissé, feraient
voir manifestement à tout le monde, que si tous les
autres os qui seraient trouvés dans cette caisse avaient
un juste rapport à ce saint bras, et pour la couleur et
pour la proportion naturelle, ce serait un signe tout
évident que le corps qui serait dans cette caisse serait
le véritable corps de S. Antoine.

Mais cette première délibération ne fut point exécutée de la sorte, et le mercredi, veille de l'Ascension, il fut conclu que cette exposition se ferait seulement par l'entremise de l'évêque de Viviers, qui était
un homme entièrement dévoué à l'abbé de Saint-Antoine, et par la voix d'un prédicateur qui dénoncerait
au peuple ce que ce prélat lui aurait dit. Cette exclu-
sion des médecins et des chirurgiens qui avaient déjà
été priés d'assister à cette cérémonie, fit naître la curiosité au sieur Artusius de Ponte-Ferrato, médecin
ordinaire de l'abbaye de Saint-Antoine, de se trouver
à cette ouverture. Et comme il était ami de la maison,
il ne lui fut pas difficile de se satisfaire là-dessus. Mais
il fut dans une étrange surprise, quand, à l'ouverture
de la caisse, il ne vit rien moins que le corps de S.
Antoine, comme la suite va le faire voir. Car, quelque
temps après cette exposition, ce docteur s'étant trouvé
à Avignon pour quelque affaire qu'il y avait, et le sieur
Etienne Tartuli avocat et procureur du seigneur Nicolas Cibo, archevêque d'Arles, administrateur per-

pétuel de l'abbaye de Mont-Majour, l'ayant su, donna aussitôt requête par devant le sieur Honoré Vaison, licencié en droit et comme tenant la place du sieur Clément de Coreis, chanoine et official apostolique du seigneur archevêque d'Avignon, remontrant que, dans la contestation des reliques de S. Antoine, Messieurs de Vienne, pour confondre les moines de Mont-Majour, avaient fait depuis peu une exposition publique des ossements de ce Saint, et que se trouvant présentement dans Avignon quelques-uns des témoins qui avaient assisté à cette exposition, il suppliait le sieur Honoré Vaison, comme tenant la place du sieur official, d'en faire arrêter un entre autres, nommé le sieur Artusius de Ponte-Ferrato, et de l'interroger sur ce qu'il avait observé dans cette exposition, afin que sa déposition servît d'instruction à la postérité. Ce que le sieur Tartuli ayant obtenu, et le sieur Artusius ayant été arrêté, et interrogé juridiquement de dire la vérité sous peine d'excommunication, donna lieu à la procédure suivante, qui fait voir sans réplique l'imposture des Viennois, et qui est digne sans doute de la curiosité du lecteur.

« Anno (1) a nativitate Domini millesimo quadringentesimo nonagesimo primo (1491), et die tricesima mensis Augusti, comparuit in judicio coram egregio viro domino Honorato Veysoni, licentiato in legibus, locum-tenenti reverendi patris domini Clementis de Coreis, decretorum doctoris Avenionensis, et Massiliensis Ecclesiæ canonici, offi-

(1) M. de Beaumont d'Arlatan, l'un des curieux les plus savants de cette province, conserve dans sa bibliothèque un extrait de cette enquête écrite sur parchemin en lettres gothiques fort abrégées et assez difficiles à lire.

cialis Avenionis in curia archiepiscopali Avenionis, quoad
actum hujusmodi, mane hora Tertiarum, pro tribunali se-
dente, egregius vir dominus Stephanus Tartuli, legum
doctor, hac in Avenione advocatus et procurator, ac procuratoris nomine procuratorio reverendissimi in Christo
patris et domini, domini Nicolai Cibo, permissione divina archiepiscopi Arelatensis, ex concessione Sanctæ Sedis Apostolicæ, commendatarii et administratoris perpetui Sancti-
Petri Montis-Majoris, Ordinis Sancti-Benedicti, Arelatensis
diœcesis, ac etiam procurator seu yconomus in hac parte
et nomine procuratorio conventus dicti monasterii Sancti-
Petri Montis-Majoris, prout de suis mandatis dixit et asse-
ruit sufficienter et legitime constare, et eidem domino locum-tenenti dixit et exposuit, quod cum monasterium prædictum Sancti-Petri Montis-Majoris diceret et prætenderet
se habere in dicto monasterio Sancti-Petri Montis-Majoris
corpus Beati Antonii, et quod exinde fuit translatum ad civitatem Arelatensem, ubi nunc est dictum corpus ; et vice
versa reverendus pater dominus abbas et conventus Sancti-
Antonii, Viennensis diœcesis, ordinis Sancti-Augustini, diceret et prætenderet se habere in suo monasterio Sancti Antonii prædictum corpus ; et volentes ipsi abbas et conventus monasterii Sancti-Antonii Viennensis confundere et
confutare prædictos dominos administratorem perpetuum
seu commendatarium et conventum Montis-Majoris, et
ea quæ dicebant et asserebant super corpore prædicto
Sancti Antonii apud eos, ut asserebant, existente, fecerunt ipsi dominus abbas et conventus publicari et ma-
nifestari tam in partibus Delphinalibus, regno Franciæ,
ducatu Sabaudiæ, civitate Avenionensi et pluribus patriis
circumpositis, tam per nuntios quam etiam per epigram-
mata in valvis ecclesiarum et locis publicis apposita,
se in die Ascensionis Domini nostri Jesu-Christi proxime
præterita ostensuros et demonstraturos apertissime corpus
prædictum Beati Antonii, et cum pervenerit ad ipsius do-

mini Stephani Tartuli, procuratoris et yconomi nominibus quibus supra, notitiam, quod in demonstratione seu ostensione dicti prætensi corporis fuerunt per dominos abbatem Sancti-Antonii et religiosos dicti sui conventus nonnullosque alios suos fautores et adhærentes, commissi doli, fraudes, simulationes et illusiones ad demonstrandam eorum falsam assertionem maxime plebeiis et populo rudi, ibi in magna multitudine congregato; sintque in præsenti civitate Avenionensi, ut ad ipsius yconomi et procuratoris notitiam dixit pervenisse, nonnulli testes, qui de præmissis dolis, fraudibus, dissimulationibus et illusionibus, sciunt veritatem, qui quidem testes sunt affuturi, et ne propter eorum absentiam, periculum mortis aut alium casum sinistrum probationis copia pereat; petiit et requisivit dictus procurator seu yconomus dictos testes, in præsenti civitate Avenionis existentes, arrestari, ne suis vel alienis partibus ab eadem civitate recedant, donec et quousque de præmissis dolis, fraudibus, dissimulationibus, illusionibus et aliis quæ circa hujusmodi negotium sciverint testimonium veritati perhibuerint, requirens et implorans ipsius domini locum-tenentis officium, quatenus testes prædictos in propria examinare, ipsorumque testium dicta et depositiones in scriptis per me notarium publicum infrascriptum redigi facere dignaretur et vellet, prout juris esset et rationis.

« Et tunc dominus locum-tenens, præmissis expositione et requisitione auditis, volens eisdem, tanquam justis et rationi consonis, annuere, jussit et mandavit ipse dominus locum-tenens per dictos testes, in hac civitate Avenionis, sub pœna excommunicationis, arrestari, ne suis vel alienis partibus, etc., donec et quousque de et super præmissis per dictum dominum Tartuli, quo supra nomine procuratorem et yconomum, expositis, deposuerint illam puram, meram et sinceram quam noverint veritatem.

« Deinde retulit michi notario prædicto infrascripto pro-

bus vir Claudius Filiberti, serviens curiæ prædictæ archiepiscopi Avenionalis, se de mandato dicti domini locum-
tenentis, et ad instantiam prædicti domini Stephani Tartuli,
quibus supra nominibus procuratoris et yconomi, arrestasse
infra præsentem civitatem Avenionis egregium virum magistrum Artusium de Ponte-Ferrato, in medicina magistrum,
personaliter repertum, eidemque inhibuisse sub pœna excommunicationis, ne suis partibus vel alienis, nisi donec, etc., et ulterius eumdem citasse, veritati testimonium perhibiturum, de et super, etc.

« Præterea, paulo post præmissa, coram dicto domino locum-tenenti, in domo suæ habitationis, comparuit egregius vir dominus Joannes de Pomeyrollis, in decretis bachalarius, procurator, ut dixit, dictorum domini perpetui
commendatarii et conventus Sancti-Petri Montis-Majoris,
et ibidem produxit in testem prædictum magistrum Artusium citatum et comparentem, quem petiit per dictum dominum locum-tenentem in testem admitti, juramentum-
que de fideliter deponendo ab eodem exigi, et exinde ad
futuram rei memoriam super dictis expositis examinari.

« Qui quidem dominus locum-tenens, præmissis auditis,
dictum magistrum Artusium citatum et comparentem, in
testem admisit, et de fideliter deponendo per ipsum ad
sancta Dei Evangelia jurare jussit et fecit. Post quod quidem juramentum eumdem testem, me notario prædicto
scribente, super prædictis expositis, audivit et examinavit,
qui quidem deposuit, prout in sua depositione continetur,
cujus tenor talis est :

« DEPOSITIO EGREGII VIRI MAGISTRI DE PONTE-
FERRATO, in medicina magistri, ætatis suæ, ut dixit,
quadraginta quinque annorum vel circa, testis pro parte
reverendissimi in Christo patris et domini, domini Nicolai
Cibo, archiepiscopi Arelatensis et commendatarii seu administratoris perpetui monasterii Sancti-Petri Montis-
Majoris, ordinis Sancti-Benedicti, et yconomi ejusdem

conventus, ad æternam rei memoriam producti , exami-
nati , etc.

« Interrogatus supradictus testis per prænominatum dominum Honoratum Veysoni locum-tenentem , de et super
narratis et expositis , dixit tantum scire verum esse , suo
medio juramento , quod , postquam reverendus pater dominus Antonius de Rupemaura , abbas monasterii Sancti-
Antonii Viennensis , et conventus ejusdem monasterii fecerunt publicari se ostensuros et demonstraturos corpus Beati
Antonii , in die Ascensionis Domini tunc proxime futuro ,
de mense maii proxime præterito , præfatus dominus abbas
voluit habere et tenere consilium de modo et forma osten-
sionis et demonstrationis prædicti corporis , et etiam de
forma apertionis capsæ , quomodo deberet aperiri , et hoc
ad tollendum et confundendum famam et opinionem mo-
nachorum dicti monasterii Montis-Majoris et civium et ha-
bitatorum Arelatensium , qui dicebant et adhuc dicunt se
habere prædictum corpus S. Antonii , et in hujusmodi
consilio , maxime ex opinione ipsius testis adstantis , fuit
conclusum et deliberatum quod ipsi dominus abbas et religiosi mandarent pro duobus medicis et duobus chirurgis
non suspectis , qui essent præsentes in apertione dictæ
capsæ , et in eorum præsentia extraheretur quoddam os
quod est infra vas unum , seu reliquiare aureum , ad modum brachii viri , ex eo quia illi de monasterio Montis-
Majoris et cives Arelatenses confitebantur quod reliquiæ
existentes infra dictum vas , ad modum brachii , erant de
brachio S. Antonii et de corpore ejusdem Sancti existentis
apud eos , ut dicebant; quod in die Ascensionis Domini os-
tenderetur et demonstraretur dictum os , et mensuraretur
cum alio brachio , et etiam alia ossa , si essent totaliter similia et ejusdem corporis ; et si ossa brachiorum essent
totaliter similia et proportionata , tunc esset signum evidens
quod corpus existens in capsa esset verum corpus Beati
Antonii : et in eodem consilio fuit dictum et conclusum ,

quod in apertione prædicta fienda dicta die Ascensionis'
Domini, vocarentur episcopi, magnates et officiarii regis
ad majorem solemnitatem dicti actus et certificationem de
dicto corpore existente apud eos, et majorem confutatio-
nem et abolitionem famæ contra suos adversarios Arelatenses qui dicebant se habere dictum corpus.

« Et licet ita conclusum fuisset in dicto consilio, attamen ipse testis loquens audivit dici quod aliter et alio modo
fuit processum in apertione dictæ capsæ; et hoc audivit a
domino operario dicti monasterii Sancti-Antonii, præcep-
tore Sistaricensi, et a quodam alio religioso qui vocatur de
Murato et est patrinus præceptoris Sancti-Antonii Avenionensis; qui quidem religiosi, in præsentia tonsoris dicti
conventus, dicebant talia verba, vel similem sensum importantia: *Maître Jean, vous savez bien à quoi il a tenu qu'on
n'a tenu le conseil de Monsieur le docteur : que ce n'était pas
chose à montrer; et vous le savez bien, car vous avez veu le secret ;* et sic ante dictum festum Ascensionis, et diem assi-
gnatam ad ostensionem dicti corporis fuit aperta capsa, et
non fuerat inventum corpus Beati Antonii, ut sperabant
habere.

« Dicens ulterius ipse testis quod in die mercurii, quæ
erat vigilia Ascensionis Domini, post meridiem, dominus
Ludovicus Comitis, judex oppidi de Votæa, diœcesis Vivariensis, voluit accedere ad alloquendum dominum abbatem Sancti Antonii Viennensis, ex parte reverendi in
Christo patris Domini episcopi Vivariensis, præceptoris de
Renversio, et cellarii dicti monasterii Sancti-Antonii, cui ipse
testis loquens dixit: « Domine judex, quia vos vaditis ad lo-
quendum cum domino abbate, sciatis cum eo si debeant
studere super anatomia istius corporis, sicut fuit conclusum, quia alii medici non venerunt, et sum solus, et ne
res propter me differatur, quia cognosco quod non man-
darunt pro aliis medicis. » Et iens ipse dominus judex, et
deinde rediens ad ipsum testem loquentem, dixit eidem

testi, ex parte dicti domini abbatis, quod non erat necesse, ut ibi essent aliqui medici, nec quod ipse loquens esset præsens in apertione prædictæ capsæ, sed sufficiebat ipsis quod haberent chirurgicum dicti monasterii ad denominandum et declarandum ossa dicti corporis cuidam prædicatori, qui prædicator erat commissus ad faciendum sermonem publice in apertione dictæ capsæ; et, auditis verbis per dictum judicem eidem testi pro parte dicti domini abbatis dictis, respondit ipse testis per similia verba : « Ego dubito quod res nostra male se habeat. » Cui dictus judex replicuit : « Si vultis esse amicus religionis, tacete; quia si scirent quod diceretis hujusmodi verba, expellerent vos, et tollerent pensionem quam percipitis a Capitulo. Et propterea permittatis eos facere quod voluerint, et etiam haberetis inimicitiam cum domino meo et vestro, et aliis religiosis, quia sunt sine ratione. Et ita consulo vobis tanquam amico meo. » Et tunc ipse testis loquens dixit eidem domino Ludovico, quod audiverat dici secrete, quod ipsi dominus abbas et religiosi non reperierant in dicta capsa id quod putabant se reperturos, et ideo recesserant a consilio quod fuerat habitum super modo et forma apertionis capsæ; et dictus dominus Ludovicus dixit : « Tacete ex parte diaboli; quia vobis tanquam amico meo alloquor. » Ipse vero testis dixit eidem domino Ludovico : « Iis non obstantibus, ero in apertione capsæ prædictæ ad videndum subtilitatem ipsorum, si aliqua sit; quia ex aspectu cupio scire ubi est corpus Beati Antonii, et vos scitis quod toto posse fui prosecutus hujusmodi negotium contra Arelatenses, credens corpus Beati Antonii esse in dicta capsa et in ecclesia prædicta Sancti-Antonii, una cum tunica Beati Pauli primi eremitæ. »

« Interrogatus dictus testis, loquens de modo et forma apertionis ipsius capsæ, etsi fuit præsens in ipsa apertione, dixit et dicto ejus, medio juramento, respondit, quod fuit præsens et de propinquioribus, quando aperiebatur;

et verum esse quod ibi erant duo fabri sive serraierii qui
evellebant clavos et aperiebant capsam ; in qua apertura
fingebant se pati magnos labores et violentias cum morda-
cibus et aliis suis ingeniis. Et dictus dominus abbas , in
hujusmodi apertione dixit populo ibidem existenti : « Vi-
dete, quomodo fortiter est clausa dicta capsa, et quomodo
pulveres sunt desuper. » Et, ut verisimile est, dictus dominus abbas præmissa dicebat, ne videretur dictam capsam prius fuisse apertam, quam tamen ipse testis tam per
aspectum clavorum et pulverem quam aliis signis arbitratur ipsam capsam prius fuisse apertam ; et exinde ipsa capsa
sic aperta, ipse testis aspexit intra dictam capsam, tam pro
videndo tunicam Beati Pauli, de qua habetur mentio in Le-
genda Beati Antonii, et quæ dicebatur esse in dicta capsa,
quam ipse testis non vidit , sed tantum unum sagum telæ
tinctum vino : et dominus Vivariensis episcopus, qui cele-
brabat officium, recepto dicto sacco in manibus, servavit
dictum saccum , et sermocionator dicebat populo : « Ipsa
est tunica Beati Pauli. »

« Interrogatus ipse testis loquens, si res demonstrata
habebat formam tunicæ, et si credat illam fuisse tunicam
Beati Pauli,

« Dixit quod non habebat formam tunicæ, nec credit
quod fuerit tunica Beati Pauli ; quia legit in Historia Beati
Antonii, quod tunica Beati Pauli, quam dimisit in testa-
mento Beato Antonio , erat contexta palmæ.

« Item interrogatus dictus testis loquens, si in dicta
capsa erant aliqua ossa, dixit quod sic.

« Interrogatus si credit vel arbitratur illa fore ossa corporis Beati Antonii, dixit se nescire. Attamen, suo judicio,
ossa existentia in dicta capsa non erant ossa unius et ejusdem corporis, ex eo quia non erant debite proportionata
secundum suas dimensiones.

« Interrogatus si fuerint nominata et designata dicta ossa,
dixit quod dominus abbas dixit suo tonsori quod designa-

ret et nominaret dicta ossa : qui tonsor, volens deferre ipsi
testi loquenti propter honorem gradus doctoralis, dixit
eidem testi : « Domine doctor , istud pertinet ad officium
vestrum. » Qui quidem testis respondit eidem tonsori :
« Faciatis juxta mandatum domini abbatis. » Et tunc ipse
tonsor cœpit designare et denominare dicta ossa ; attamen
in ejusmodi denominatione committebat plures errores ,
et sæpius recipiebat unum nomen pro reliquo. Erat etiam
tanta fractura in dictis ossibus , quod vix poterant cog-
nosci, et erant etiam diversorum colorum : ex quibus po-
terat sumi evidens argumentum quod dicta ossa erant diversorum corporum. Sermocionator vero dicebat populo
talia verba : « Criez miséricorde , veicy icy le corps de Monseigneur S. Antoine que ces Arelatains abuseurs et ces faux moines
disent avoir. Et his peractis , dominus episcopus Vivariensis
cepit duo ossa , unum de capite et aliud de crure , et in-
fudit vinum desuper , dicendo populo : « Ecce, amici ,
quomodo frigit ; » sic vulgariter dicendo : Regardez , mes
amis , comme il frit , comme si c'était feu.

« Interrogatus ipse testis si viderit vinum ebulliens et
fumum exire a dictis ossibus , dixit ipse testis loquens,
quod , cum ipse esset proximus dicto domino episcopo, vidit quod erat positum unum thuribulum sive encensier, cum
carbonibus accensis , inter dictum dominum episcopum
Vivariensem et tabulam quamdam ibidem existentem ; et
ipsum thuribulum cum igne erat absconditum subtus mensam, et vidit apponi thus, et immediate fumus exivit a dicto
thuribulo; et tunc prædicator cœpit clamare, dicendo talia
verba vel similia : Regardez , mes bonnes gens , comme ils
fument , après qu'ils ont été frits ; loquendo de ossibus et
vino. Et populus ibidem existens credebat dictum fumum
procedere a dictis ossibus et vino desuper infuso. Et dicti
religiosi assistentes collegerunt dictum vinum, et reposue-
runt infra quoddam vas argenteum, ubi est assuetum te-
neri vinagia, et dabant aliquibus hominibus ad bibendum ;

et voluerunt dare ad bibendum ipsi loquenti, qui renuit
bibere.

« Interrogatus de præsentibus, dixit quod erant religiosi
dicti monasterii qui assistebant undequaque circa mensam
super qua erat dicta capsa cum ossibus, et multi nobiles
de patria Delphinatus, et etiam aliqui de dominis de Parlamento Delphinatus, qui erant retro sedentes.

« Interrogatus si dicti domini de Parlamento et alii nobiles viderint præmissas simulationes, maxime de thuribulo cum igne et thure, ac fricatione ossium, dixit se nescire ; attamen arbitratur quod ipsi nobiles et officiarii non
viderunt, propter obumbrationem religiosorum ibidem
existentium cum cappis et aliis ornamentis ecclesiasticis ;
et ipse testis vidit, eo quod erat propinquus, et inter ipsos, et propinquus domino Vivariensi episcopo officienti.

« Adjiciens ulterius ipse testis loquens, quod, post præmissa ex intervallo certorum dierum, dominus abbas et religiosi dicti conventus requisiverunt dictum testem loquentem ut signaret quamdam attestationem, sive certificationem, quam fecerant fieri super veritate per eos prætensa
de corpore Beati Antonii, et quod erat integrum apud eos;
et voluerunt ipsum ad hoc inducere verbis blandi : qui
quidem testis noluit eorum votis obtemperare, quia non
apparebat sibi quod veritas ita se haberet, et quod illi de
Arelate in futurum forsan obtinerent commissarios ad vi-
dendam dictam capsam, et reperirent contrarium signaturæ ipsius testis. Qua responsione facta, dicti domini abbas et religiosi monasterii Sancti-Antonii, non contenti de
hujusmodi recusatione signaturæ quam petebant super at-
testatione corporis Beati Antonii una cum tunica Sancti
Pauli, fuerunt comminati subtrahere pensionem quam ipse
testis percipiebat annuatim ab eisdem abbate et conventu,
pro suis laboribus ad visitandum eosdem in suis ægri-
tudinibus. Super quo scripserunt dicto domino episcopo
Vivariensi, ut præceptori Renversi, qui ex debito sui officii

tenebatur solvere dictam pensionem , ut retineret apud se
stipendia debita ipsi testi loquenti , donec et quousque sig-
nasset attestationem prætensam super integritate corporis
S. Antonii : et , his non obstantibus , dictus testis loquens
percepit pensionem , et adhuc percipit eamdem pensionem.

« Super quo dictus dominus episcopus scripsit dicto testi
loquenti , qualiter dicti abbas et conventus ab inde in an-
tea non intendebant recipere servitium a dicto teste lo-
quente in sua professione.

« Interrogatus dictus testis loquens, si sciret aliqua circa
hujusmodi materiam , videlicet de fraudibus , dolis , dissimulationibus et illusionibus circa negotium tangens corpus Beati Antonii , dixit tantum scire , et verum esse quod,
de mandato dicti abbatis et aliquorum religiosorum
Sancti-Antonii , et maxime cujusdam dicti Carriera, eorum
procuratoris, et cum assistentia cujusdam commissarii Par-
lamenti Delphinalis , et de mense martii proxime præterito , ipse testis loquens venit ad præsentem civitatem Avenionis cum dicto domino Vivariensi episcopo, pro habendo
termino super examinatione quorumdam testium existentium in præsenti civitate Avenionis ; et , cum essent ser-
mones inter ipsum episcopum ex una , et dictum testem
loquentem ex alia, partibus , super controversia corporis
Beati Antonii , apud quos existeret dictum corpus , dictus
dominus episcopus dixit eidem testi loquenti , talia verba
vel similia in effectu : « Domine doctor , *nous embrassons
trop* , *de par diable* , *la fausse avarice insatiable de l'abbé der-
nièrement mort ; si a causa de desfaire la religion* , *et me
doute que à la fin tout ira mal* , *car nous avons éveillé le chat
qui dort.* Dixit etiam ipse testis habuisse verba cum aliquibus religiosis Sancti-Antonii de apertione dictæ capsæ,
post quam apertionem , dum fieret sermo de ossibus in
dicta capsa , et quod ipsa ossa erant male ordinata et proportionata , tunc quidem præceptor qui habebat auctori-
tatem in religione , dictus vulgariter *le Prieur Dubois* ,

dixit eidem testi loquenti verba sequentia aut similem sensum importantia : *J'avoye encore trois ou quatre os en ma manche, afin que n'en eussions faute, qui étoient beaucoup meilleurs ; et si je eusse eu espace de temps de les mettre dedans la caisse, je les y eusse mis ; mais ce prêcheur se hâtoit tant, et Monsieur de Viviers avoit si grand faim de boire, que tout est demeuré ainsi.* Et tunc ipse testis loquens dixit dicto Priori : *Vous sçaviez donques bien qu'il y en faylhoit, si vous les deviez mettre à temps, puisqu'étiez informés ; et pensez que si les Arelatains le sçavoient, nos besongnes iroient mal.* Qui Prior dixit eidem testi : *Vous estes de notre religion, et n'estes pas pour leur aller dire.* Et ulterius dixit ipse testis loquens, existens quadam die cum domino abbate Sancti-Antonii, quod ipse dominus abbas cepit ipsum testem loquentem per manum et fecit eum sedere juxta se ; et, loquendo de litigiis et controversiis inter ipsos et Arelatenses existentibus, ipse dominus abbas dixit eidem testi verba sequentia : *Monsieur le docteur, mon ami, je suis fort affligé ; car je suis en continuels labeurs pour les faits de mes prédécesseurs.* Cui ipse testis loquens respondit: *Monsieur, et comment prenez-vous telle mélancolie ? car il me semble que votre prédécesseur vous a acquis grand honneur et grand bien de cette abbaye de Mont-Major unie à votre monastère, et plusieurs procès sont mis à fin.* Cui dictus dominus abbas replicuit per similia verba : *Par ma foi,* Domine doctor, *vous ne sçavez pas tout comment il va.* Qui testis loquens domino abbati respondit: « Non curetis ; quando voletis, ego inveniam medium cum amicis nostris de habendo possessionem abbatiæ Montis-Majoris. » Tunc idem dominus abbas eidem testi respondit: « Domine doctor, te gratior millelies, quia abbatiam Montis-Majoris nollem habere, cum non valeat pensionem quam tenemur solvere singulis annis domino cardinali, videlicet mille et ducentos ducatos auri incontinenti habita possessione dictæ abbatiæ Montis-Majoris ; sed facio prosecutionem ut possim recuperare corpus sive reliquias Beati Antonii ; et si res ita remanerent, religio nostra esset totaliter destructa ; quia jam perturbaverunt quæstas de Sabaudia, et Longobardi noluerunt amplius solvere pensionem, nec veniunt peregrini in decima parte ut venire solebant. Et si nos deberemus vendere omnia jocalia nostra et reliquias et nostras vestes usque ad camisiam, expedit nos prosequi istam materiam ; et quoad abbatiam, est honor sine utilitate, super quamlibet bene, etc.

« Ita deposui ego Artusius de *Pont-Ferré*. In testimonium vero quod prænominatus magister Artusius de Ponte-Ferrato, testis juratus et examinatus, deposuerit prout suprascriptum est, ego Franciscus Morini, clericus Malleacensis diœcesis, in decretis bachalarius, civis Avenionensis, ac curiarum Cameræ Apostolicæ et Archiepiscopalis Avenionis scriba, signavi, in fidem præmissorum requisitus.

MORINI, *Notarius.*

On voit dans toute cette procédure (qui sera soutenue et confirmée par d'autres témoignages invincibles), que l'abbé de Saint-Antoine n'avait point eu d'autre vue, en poursuivant la prétendue union de l'abbaye de Mont-Majour à son monastère, que d'avoir moyen de reprendre plus facilement le corps de S. Antoine, lorsqu'il serait en paisible possession de l'abbaye de Mont-Majour. C'est ce qui est justifié par les dernières paroles de l'acte que je viens de produire : *Abbatiam Montis-Majoris nollem habere, cum non valeat pensionem quam tenemur solvere singulis annis, domino cardinali, videlicet mille et ducentos ducatos auri incontinenti habita possessione dictæ abbatiæ Montis-Majoris ;* SED FACIO PROSECUTIONEM, UT POSSIM RECUPERARE CORPUS SIVE RELIQUIAS BEATI ANTONII.

Mais l'imposture artificieuse des Viennois ne paraît pas seulement dans toute cette procédure, on en découvre encore les suites dans l'Histoire d'Aymar Faucon, où cet auteur voulant prouver que ces reliques sont dans Vienne, rapporte plusieurs expositions qui en furent faites en divers temps ; où il faut remarquer que, dans la première, qui fut faite du temps du pape Calixte II, vers l'an 1120, par nos Bénédictins, il ne fait aucune mention d'un coffret de plomb sur lequel les paroles suivantes étaient gravées : *Hic sunt reliquiæ Beati Antonii*. Cet auteur assure néanmoins que ce coffret de plomb, avec cette inscription, y a été trouvé dans les dernières ouvertures qui ont été faites par les Antoniens, où il n'est pas fort difficile de voir que ces bons Pères n'y mirent ce coffre de plomb avec cet écrit, que pour mieux persuader aux simples femmelettes qu'ils avaient encore tout le corps de S. Antoine, bien qu'ils n'en eussent qu'un bras.

Et voilà ce qui se passa au sujet de la première ouverture et exposition de ces saints os.

La seconde fut faite quelque temps après par deux députés d'Innocent VIII, en présence de l'abbé de Saint-Denis et de quelques autres. Après quoi les Antoniens, croyant d'avoir tout gagné, font de grosses plaintes à ce pape qui, sous leur bonne foi, frappa de rechef d'anathème les moines et tous les habitants d'Arles, s'ils persistaient à publier qu'ils avaient les reliques de S. Antoine, et s'ils ne laissaient prendre possession de l'abbaye de Mont-Majour au sieur de Rochemaure, nouvellement élu abbé de

Saint-Antoine. Cette bulle ayant encore été vérifiée au Parlement de Paris, cet abbé obtint de la cour un commissaire, qui fut le sieur Charles de Verger, conseiller du roi en ce premier parlement du royaume, Mais celui-ci ayant appris la résolution des habitants d'Arles, n'osa pas seulement entrer dans la Provence, bien loin de venir exécuter sa commission dans Arles. Il se contenta d'envoyer un officier royal pour signifier, dans les formes, la bulle d'Innocent VIII, qui portait cette prétendue union de l'abbaye de Mont-Majour à celle de Saint-Antoine ; mais le premier Consul de cette ville, à qui cet officier s'était adressé, l'ayant saisi sur le champ avec hauteur, le fit mettre dans une étroite prison, et après l'y avoir détenu pendant plusieurs jours, le fit conduire sur le bord du Rhône, et peu s'en fallut qu'il ne fût jeté dans cette rapide et impitoyable rivière, pour servir de pâture aux poissons. Après quoi, on le chassa de la ville avec ignominie. On fit des traitements encore plus rudes à tous ceux qui se hasardèrent de prendre de semblables commissions.

Messieurs du Dauphiné voulant s'intéresser pour les Pères de Saint-Antoine, et venger l'injure qu'on venait de faire à leur commissaire, lèvent des troupes, avec dessein de faire une irruption dans la ville d'Arles, et d'emporter les reliques de S. Antoine à force d'armes.

L'illustre monsieur François de Luxembourg, gouverneur pour le roi en Provence, ayant été averti de l'entreprise de ces messieurs, et se croyant obligé de

défendre une ville (1) qui était de son gouvernement,
et qui venait de témoigner tant de zèle et tant d'atta-
che pour les intérêts de la France, lève aussi des troupes de son côté pour les opposer à celles du Dauphiné.
Cependant ce sage prince, pour ne pas s'engager mal à
propos dans une affaire de cette importance, ayant obtenu du roi permission de convoquer une assemblée
générale des trois Etats de Provence, pour examiner
avec toute la circonspection possible et sans aucune
préoccupation le fait dont il s'agissait, 1° si l'on avait
dans Arles les reliques de S. Antoine; 2° si l'union prétendue par les Antoniens avait quelque apparence de
raison, ce prince fit tenir une assemblée générale à
Aix, où tous les archevêques, évêques, abbés, tous
les seigneurs de cette province, et tout ce qu'il y avait
de gens d'esprit et de mérite en ce pays, assistèrent ;
où ces sages hommes, sans avoir ouï ni appelé les
moines de Mont-Majour, après avoir mûrement con-
sidéré cette affaire, et appuyés sur des témoignages
très-clairs et très-convaincants, établirent la vérité des
reliques de S. Antoine dans la ville d'Arles, et envo-
yèrent des députés au pape et au roi, comme il paraît par acte de leurs délibérations qui mérite d'avoir
place ici :

« Anno Incarnationis Domini M. CCCC. XCI. et die XX
martii, apud provinciam Provinciæ, et in refectorio Fra-

(1) Charles III, dernier comte de Provence, ayant fait héritier de tous
ses Etats Louis XI, roi de France, par son testament qu'il fit à Marseille,
l'an 1481, et quelques villes de cette province favorisant Yolande de Lor-
raine, nièce de ce comte, la ville d'Arles tint ferme pour la France, et en
soutint les intérêts avec chaleur.

trum Prædicatorum civitatis Aquensis , congregato excelse
et generali concilio trium statuum Comitatuum Provinciæ
et Forcalquerii , mandato christianissimi domini regis Ca-
roli , seu spectabilium dominorum Francisci de Luxem-
burgo , vice-comitis Martici , regis locum-tenentis , et gu-
bernatoris , Aymari de Pictavia militis , domini de Sancto-
Valerio et Stellæ , vice-comitis ejusdem patriæ Provinciæ
magni senescalli , ac nobilium et egregiorum virorum
Guillelmi de Ancezuna , regii consiliarii et gabellarum sa-
lis , Linguæ-Occitanæ visitatoris , et magistri Joannis Ber-
nardi , notarii , et secretarii regii , velut regiorum com-
missariorum per dictum dominum regem Carolum ad hanc
patriam Provinciæ destinatorum , pro nonnullis arduis
negotiis eumdem dominum regem atque dictam patriam
præsentem tangentibus ; in quo quidem consilio interfue-
runt reverendissimi patres domini antistites , abbates ,
magnificique barones , et nobiles , egregii quoque docto-
res , et periti dictæ patriæ : pro reverendissimo D. Philippo
archiepiscopo Aquensi , Antonius Diniensis , Rostagnus
Forojuliensis, Nicolaus Senecensis episcopi ; Joannes Ca-
saleti abbas de Sinanca , Honoratus Amalrici , abbas Val-
lis-Sanctæ et prior de Artecella ; et pro reverendissimo domino Juliano, Sancti-Petri presbytero, cardinali archiepiscopo Avenionensi , dominus Guillelmus Pauli , juris-peri-
tus , ejus generalis vicarius ; pro reverendissimo domino
Nicolao , archiepiscopo, dominus Jacobus Dragacius , ejus
generalis vicarius; dominus Guillelmus Nogagroli, vicarius
generalis , pro domino episcopo Sistaricensi ; dominus Pe-
trus de Vallebella, vicarius generalis, pro domino episcopo
Venciensi; dominus Elzearius Duranti, Aptensis canonicus,
pro domino episcopo Aptensi ; nobilis Joannes de Sancto-
Germano procurator D. Ogerii , abbatis Sancti - Victoris
Massiliensis ; Franciscus de Barrassio , procurator domini
abbatis de Toroneto ; item magnifici viri , Ludovicus de
Villanova , dominus de Seranono , filius et procurator Ar-

ñauldi de Villanova domini de Francio; Ludovicus de Agou-
to, baro, et dominus Saltus Honoratus de Berra, dominus
de Antravenis, Durandus de Ponteves, dominus de Coti-
niaco, Palamides Forbinus, miles, dominus de Soleriis,
Honoratus de Castellana, dominus de Intercastris, Ludovicus de Villanova, dominus de Flayosco, Honoratus de
Castellana, dominus de Audaono, Jacobus Forbini dominus de Gardana, Elionius de Villanova dominus de Spino-
sa, Reforciatus de Castellana, dominus de Salernis, Joannes de Ponteves, dominus ejusdem loci, et Antonius de
Ponteves, dominus de Sillanis, etc.

« Plurimi ibidem congregati, unum corpus totius patriæ
facientes, cum ad eorum notitiam pervenisset quod abbas
et conventus monasterii Sancti-Antonii Viennensis nitun tur
per importunitatem de venerabili monasterio Montis-Majoris secus Arelatem, ad ipsum conventum Viennensem, a domino Papa, et amortisationem devotionis Beatissimi confessoris Antonii, cujus corpus sanctissimum eadem Arelatensi
civitate requiescit, veridissimis attestationibus et clarissi-
mis probationibus testantibus, habere, et attrahere, etiam
de facto, non auditis reverendissimo domino abbate et
religiosis ejusdem monasterii, neque vocatis; et quia hujusmodi causa respicit commune bonum totius dictæ patriæ,
sed etiam injuriam tantæque devotionis ejusdem sanctissimi
corporis Beati Antonii et affluentium in dicta civitate Arelatensi, constituerunt procuratores dictæ patriæ, videlicet re-
verendissimum patrem dominum Nicolaum Cibo, archiepis.
copum Arelatensem, Joannem Bonifacium de Bellojoco, Nicolaum Rainaudi d'Allen, Jacobum Romei, et Ludovicum
de Coreis, prædictæ civitatis Arelatensis, ad standum in
causa hujusmodi coram domino nostro Papa suisve delega-
tis judicibus, etc., et coram dicto domino rege, aut ejus
excelso consilio, adversus dictos Antonianos Viennenses. »

Mais bien loin que cette assemblée générale de Provence apportàt quelque adoucissement aux affaires,

au contraire elle échauffa les esprits plus que jamais, et elle semblait disposer les deux provinces à une cruelle guerre, lorsque la mort du sieur de Roche-maure, abbé de Saint-Antoine, qui s'était qualifié le premier abbé de Mont-Majour, étant arrivée sur ces entrefaites, l'an 1493 et le 21 d'octobre, laissa quelque temps les gens en repos, et jusqu'à la nouvelle élection du sieur Théodore de Saint-Annemond. Cet abbé, espérant d'être plus heureux que son prédécesseur, et ayant résolu de faire valoir son droit, obtint deux nouveaux commissaires de la cour, savoir, les sieurs Charles de Lavernade, et Philippe de Béry, tous deux conseillers du roi au Parlement de Paris. Mais ces deux commissaires n'eurent pas un meilleur succès que Charles du Verger; car ne croyant pas leurs personnes en sûreté dans la ville d'Arles, ils se tenaient tantôt à Avignon, tantôt à Beaucaire, tantôt à Tarascon, et tantôt à Fourques, où ils citaient les moines à comparaître pardevant eux, pour leur signifier la bulle d'union; ce qu'ayant fait inutilement, près de deux années, ils s'en retournèrent à Paris, sans avoir pu exécuter leur commission. L'abbé de Saint-Antoine les ayant accompagnés, et ayant remontré au conseil le mépris que les moines de Mont-Majour et les gens d'Arles faisaient de ses ordonnances, il en obtint permission de lever de nouvelles troupes et de faire valoir son droit par la voie des armes. De sorte qu'on vit de rechef paraître les Antoniens, la bande-role sur le corps, l'épée au côté et le pistolet à la main, à la tête de quelques compagnies, et s'étant avancés en cet équipage dans le terroir d'Arles, ils y

font mille ravages, et surtout dans la Camargue, où
ils gâtent presque entièrement la récolte lors pendan-
te (1) : ce qui aigrit si fort les habitants de cette ville,
que, s'étant mis sur les armes, et ayant fait une sor-
tie considérable, ils font un carnage horrible des
Viennois.

Ces désordres font peur, sans doute, à notre siècle,
et montrent bien la différence qu'il y a entre le règne
de Charles VIII et le règne de Louis XIV. Car enfin,
pour prendre la chose dans sa source, entreprendrait-
on sous l'empire de Louis-le-Grand, de chasser de leur
monastère des religieux, et des religieux qui y vivent
saintement ? Aurait-on la pensée aujourd'hui de demander la suppression d'une abbaye aussi ancienne et
aussi illustre que l'est l'abbaye de Saint-Pierre de
Mont-Majour ? Et quand même on en aurait obtenu
des bulles de Rome par surprise, aurait-on la hardi-
esse de les présenter pour les faire vérifier à Paris ?
Oserait-on, enfin, dans la ville d'Arles, résister aux
ordres de la cour, quelque injustes qu'ils parussent ?
Quelle différence entre la France, et la France depuis
que Louis-le-Grand la gouverne par lui-même ! On ne
saurait surprendre notre prince également éclairé,
sage, religieux, puissant, invincible, qui ne fait rien
par ignorance ou par caprice ; qui pèse toutes choses
au poids du sanctuaire ; qui, par son admirable sagesse, trouve aux affaires les plus difficiles de justes
tempéraments dont les deux partis contraires ont su-

---

(1) Ces désordres sont décrits assez au long par M. de Nostradamus,
dans son Histoire de Provence, 6ᵉ partie, et par le Père Dom Claude Chantelou, dans son Histoire manuscrite de Mont-Majour.

jet d'être contents ; qui ramène les rebelles par la dou-
ceur, et qui les réduit enfin à l'obéissance par la force.
Et il n'est personne qui ne voie que les désordres que
nous venons de décrire, qui ont duré plus de cent ans,
au grand scandale de la religion, n'eussent pas duré
un seul jour sous le règne triomphant de notre grand
monarque, ou, pour mieux dire, ils n'eussent jamais
commencé. Mais, dérobons ici quelque chose à l'histoire de tant d'autres troubles arrivés dans cette
ville à cette occasion, qui font honte à notre siècle
et à notre religion, plutôt que de les poursuivre plus
longtemps, et de voir encore devant nos yeux l'i-
mage funeste de tant de dangers passés et de tant
de désordres si opposés à l'esprit de paix et de dou-
ceur du glorieux S. Antoine ; et disons qu'après
tant de mouvements tumultueux, qui ne pouvaient
durer davantage sans une entière destruction de ces
deux illustres abbayes, et sans exposer ces deux belles
provinces à de très-grands malheurs, Dieu toucha enfin, par l'intercession de notre Saint, l'abbé Théodore,
qui, voyant tous ses efforts inutiles et tant de sommes
d'argent si mal employées, et jugeant qu'il ne pouvait se remettre que par un accommodement avec les
moines de Mont-Majour, commença à se radoucir, et
à témoigner quelques dispositions pour la paix. Et ce
fut alors que plusieurs personnes de qualité de l'une et
de l'autre province, assistées des plus sages et des plus
intelligentes, travaillèrent puissamment pour terminer
ces grands différends et pour éteindre entièrement
ces haines publiques et particulières. La ville de Va-
lence fut choisie pour y traiter des moyens qu'on pour-

rait prendre pour faire un juste partage des biens et
revenus, dont les moines et les Antoniens fussent contents. Pour en dire un mot en passant, il fut accordé
et convenu entre les deux parties, 1° que la pension
de mille trois cents livres imposée par le pape Boniface VIII, comme nous disions, sur les fonds et fruits du
monastère de Saint-Antoine, et payables par les Antoniens de Vienne à l'abbaye de Mont-Majour serait
éteinte ; 2° que le Prieuré dit de Capriliis, qui, en
vertu de la prétendue union, avait été annexé et in-
corporé à l'abbaye de Saint-Antoine, en serait détaché
et démembré, pour être réuni à l'abbaye de Mont-
Majour ; 3° que le Prieuré de Monteil appartiendrait
à l'avenir aux Pères Bénédictins, pour servir à leur
entretien ; 4° que les moines ne feraient plus la quête
par les provinces, cette quête n'ayant été accordée
que pour la nourriture et soulagement des pauvres de
l'hôpital de la Motte, etc.

Cette transaction ayant été ainsi dressée, fut confirmée et ratifiée par le Chapitre général des deux abbayes, par le pape Alexandre VI, par le roi Charles
VIII, et par les Parlements des deux provinces. Quant
à la question des reliques de S. Antoine, on n'y toucha
pas, et chacun garda ce qu'il en avait, savoir, Messieurs de Vienne un bras, et Messieurs d'Arles le reste
du corps de cet incomparable Saint. Ce qui est si véritable qu'Aymar Faucon, dans son Histoire Antonienne, après avoir marqué les articles de la transaction
dont nous venons de parler, ne peut s'empêcher de
dire ces paroles qui s'échappent de sa bouche et de sa
plume malgré lui : *De controversia autem reliquiarum*

*S. Antonii nihil actum est, quando quidem Sanctæ Sedis
Apostolicæ judicium et declaratio intercesserat, cujus quidem Sedis est non privatarum partium de his rebus cog-
noscere, decernereque, vel sententiam proferre. Præterea,
reliquiæ corporis scilicet Beati Antonii pridem a monasterio Montis-Majoris Arelatem translatæ, non in mona-
chorum potestate, sed in arctissima aliquot secularium
custodia consistebant, etc. (1)*

Voulant dire que s'il ne fut pas traité des reliques
de S. Antoine transportées depuis peu de Mont-Majour
dans Arles, c'est parce qu'elles n'étaient plus tout à
fait, comme auparavant, au pouvoir des moines, mais
dans celui des Consuls de cette ville. Ce qui est encore
aujourd'hui très-véritable, puisque les sieurs Consuls
gardent dans leurs archives une des clés du lieu où ce
corps sacré est conservé.

Après cet accommodement, nos seigneurs du privé
conseil à qui l'assemblée générale de Provence avait
envoyé quatre illustres députés, savoir Rodolphe Boniface de Beaujeu, Nicolas de Raynaud, Jacques de Romieu et Louis de Coreis, révoquèrent l'arrêt fulminant
qu'ils avaient donné contre nos Consuls. Le seigneur
Nicolas Cibo, archevêque d'Arles, et abbé de Mont-
Majour, qui était un personnage d'un grand mérite,
sage et très-industrieux, fut député vers Alexandre VI,
pour informer Sa Sainteté de tout ce qui s'était passé
dans cette affaire. Et il lui remontra si bien la vérité
des choses, que ce pontife, après avoir pris tout l'éclair-
cissement possible, ôta, non seulement l'excommuni-

(1) *Compend. Antonianæ Historiæ. Quarta Pars* ; fol. 103.

cation que son prédécesseur avait lancée, cassa l'union
de l'abbaye de Mont-Majour à celle de Saint-Antoine,
mais encore il annulla et révoqua la bulle d'Innocent
VIII dans tous ses points ; et comme ce pape avait ex-
communié, par sa bulle, tous ceux et celles qui disaient
et assuraient que les reliques du glorieux corps de S.
Antoine étaient à Arles et dans l'église de Saint-Julien, et qui les honoraient ou les faisaient honorer
en ce lieu, notre S. Père le pape, Alexandre VI, averti
au long et informé très-amplement, plus par la noto-
riété du fait que par aucune tergiversation, casse,
révoque, annulle la bulle de son prédécesseur, comme
donnée sur un mal entendu, et obtenue des Antoniens
par surprise, ne défendant autre chose aux moines
que la quête qu'ils faisaient par les provinces, comme
ayant été accordée en faveur de l'Hôpital de la Motte,
sans troubler en aucune manière la dévotion des habitants d'Arles pour les reliques de S. Antoine.

Cette bulle d'Alexandre VI, qui est du dernier de
février, l'an 1495, fut adressée aux trois Etats de Provence, et publiée par Philippe, archevêque d'Aix,
l'an 1496, le 22 de mars. Je ne la mets point ici à
cause de sa longueur, me contentant d'en rapporter
ces paroles qui justifient ce que je viens d'avancer :

Nos attendentes ex præmissis causis, et præsertim quod
dictum monasterium Montis-Majoris est post modum in-
signe, et dicti monasterii Sancti-Antonii caput fuit, et am-
bo monasteria ipsa adeo invicem sunt distantia, non esse
conveniens nec justum quod suppressio, extinctio, erectio,
unio, annexio et incorporatio prædictæ, presertim tot
procul dubio et evidentissime imminentibus scandalis et

periculis , quæ , ut notorium est maxima ac inpromptu sunt , sortiantur effectum ; motu simili , non ad alicujus super hoc oblatæ petitionis instantiam, sed de nostra mera et matura deliberatione , ac meliori et plenissima informatione, et notorietate facti , quod nulla potest tergiversatione celari , præhabita , et ex certa scientia ac de apostolicæ potestatis plenitudine , unionem prædictam tanquam ex falsis suggestionibus emanatam , dissolvendam et revocandam esse autoritate apostolica, tenore præsentium declaramus et perpetuo dissolvimus , et omnia et singula per abbatem et conventum monasterii Sancti-Antonii hujusmodi in præmissis et eorum occasione gesta , ac inde secuta quæcunque revocamus , cassamus , annullamus , etc.

Et plus bas :

Interdicta quæcunque relaxamus, abolemusque omnem inhabilitatis et infamiæ maculam sive notam per monachos aut personas civitatis Arelatensis , aut dictæ patriæ Provinciæ, præmissorum occasione contractam, tum visitationis reliquiarum ejusdem S. Antonii , et quoad omnia et singula per eos gesta , etc.

Après des témoignages si authentiques , que Messieurs de Vienne se vantent tant qu'ils voudront d'avoir le corps de S. Antoine ; qu'ils publient, comme ils le font dans leurs Histoires , que les gens d'Arles sont des imposteurs ; qu'ils disent tant qu'il leur plaira, qu'ils conservent sous cette belle pyramide la tête et tous les autres ossements du bienheureux Antoine, on ne les en croira pas pour cela sur leur parole. Au moins Saint-Vincent ne les en croira pas, lui, qui au IIe et IIIe de ses livres, assurait en propres termes que

3

de son temps le corps de S. Antoine était caché dans l'abbaye de Mont-Majour : *Antonii corpus celari, inquit, in quadam abbatia prope Arelatem, circumdata paludibus, sub custodia religiosorum ipsius abbatiæ.*

S. Antonin ne les en croira pas, lui, qui dans ses Chroniques, après avoir parlé de l'invention du corps de S. Antoine en Egypte, sous l'empire de Justinien, et avoir dit qu'il fut porté ensuite dans la ville d'Alexandrie avec une pompe extraordinaire : *Sed et corpus Beati Antonii repertum apud Ægyptum, tunc temporis Alexandriam cum multa veneratione delatum est.* (1)

Nunc certo corpus, ajoute-t-il, *est in abbatia Montis-Majoris, prope Arelatem, in provincia Provinciæ, et brachium apud Viennenses, ubi nunc fit concursus populorum,* etc.

Le savant et célèbre panormitain ne les en croira pas non plus, lui, qui parlant des faux quêteurs qui, sous prétexte de reliques des Saints, s'en vont amasser de l'argent par les provinces, met en ce rang les Antoniens de Vienne qu'il désigne par le mot *clericos qui causa quæstus,* dit-il, *decipiunt populum fingendo reliquias ubi non sunt.* (2) La Sorbonne ne les en croira pas, cette savante Université et la plus célèbre du

(1) *Secunda parte Chronicorum de Bello Gothico Italico. Tit. 12. Paragrap. II, typis excusus Lugduni,* 1586.

(2) Nicolaus de Tudeschis, Siculus, abbas Monacensis, archiepiscopus Panormitanus, sanctæ Ecclesiæ Romanæ cardinalis, decretorumque doctor clarissimus, in Commentariis quæ scripsit super tertio de reliquiis et veneratione Sanctorum; in tertium librum Decretalium hæc habet in fine : *Et certe textus hic hoc clare innuit, parag. nono, contra clericos qui causa quæstus decipiunt populum, fingendo reliquias ubi non sunt, et maxime in hoc erant isti quæstuarii Sancti Antonii et aliorum.*

monde qui, dans un acte de thèses publiques et géné-
rales soutenues par le fils d'un de nos chers compatrio-
tes, établit, avec l'approbation de tout ce qu'il y avait
de gens d'esprit et de mérite dans cette illustre assemblée, la vérité des reliques de S. Antoine dans la ville
d'Arles. (1)

Peut-être qu'ils auront encore recours au Saint-
Siége Apostolique de Rome pour le surprendre de rechef, comme ils firent du temps d'Innocent VIII. Non,
les habitants d'Arles n'ont rien à craindre de ce côté-
là. Le Saint-Siége n'ajoute plus foi aux Antoniens sur
cet article. La vérité, qui avait été si longtemps obs-
curcie par leurs artifices, triomphe enfin du menson-
ge. Le Saint-Siége s'en est expliqué positivement, et
en termes clairs, par la bulle de Jules II, donnée à
Rome, l'an 1504, par laquelle ce pape confirme et
approuve tout ce qu'Alexandre VI avait fait en faveur
du monastère de Mont-Majour, et des reliques de S.
Antoine, permettant qu'on les honorât dans la ville
d'Arles. Et cette bulle a été confirmée avec éclat par
une autre de Léon X. Ce grand Pape désirant avoir
des reliques de S. Antoine, envoya Jules de Médicis,
son neveu, non à Vienne, mais constamment dans
la ville d'Arles, où après avoir été reçu honorable-
ment par les sieurs Consuls, gouverneurs de cette
ville, il en obtint deux doigts de la main droite qu'il
porta à Sa Sainteté, et que ce Pape envoya quelque
temps après, comme un présent très-estimable à l'é-

(1) M. Brunet, avocat au Parlement de Paris, dans ses thèses soutenues en Sorbonne.

glise métropole de Florence, où ces deux doigts sont conservés dans un riche reliquaire d'or, fait en forme de bras, avec une vénération très-singulière. La bulle de ce pontife est dans les archives de cette ville, aussi bien que le verbal des sieurs Consuls, qui est du 19 juillet 1517 dont le titre est : *Datio reliquiarum gloriosi corporis Sancti Antonii.* (1)

Certainement on ne doit plus faire de questions sur cette matière, et il ne doit plus rester dans l'esprit des fidèles le moindre ombrage, depuis que nous voyons que dans toutes les transactions passées entre les Pères de Saint-Antoine et les Pères de Mont-Majour, et particulièrement en celle de 1502, qui est la dernière, les Pères de Saint-Antoine ne protestent d'autre chose et ne demandent rien autre aux Pères de Mont-Majour, sinon qu'ils ne feront plus la quête par les provinces. Et ne protestant rien que pour les reliques de S. Antoine ne consentent-ils pas tacitement que nous en sommes les véritables et paisibles possesseurs, selon cette maxime du droit : *Qui tacet consentire videtur.*

Mais quand nous n'aurions pas en mains les témoignages invincibles que nous venons d'avancer, et plusieurs autres que nous pourrions produire encore en cas de besoin, ne nous suffirait-il pas d'ex-

---

(1) Jules de Médicis obtint, à Arles, deux parcelles, l'une pour lui, l'autre pour le pape Léon X. Devenu pape sous le nom de Clément VII, Jules de Médicis fit don à l'église de Florence de sa parcelle, tandis que Léon X avait donné la sienne au couvent des ANTONINS de Rome. Après l'avoir conservée jusqu'à nos jours, les Antonins l'ont perdue lors du pillage de leur église par la révolution de 1849. Ces détails nous sont communiqués par des personnes dignes de foi.

(*Note de l'Éditeur.*)

poser ici à Messieurs de Vienne plus de six inventai-
res publics et solennels, qui ont été faits en divers
temps , par Nosseigneurs Archevêques , et en dernier lieu , par Mgr Jean-Baptiste de Carignan , coad-
juteur en cet archevêché , assisté du clergé et de Messieurs les magistrats de la ville, où ces saints os, ayant
été exposés sur une table , dans la vénérable église de
Saint-Julien , ont été comptés et désignés avec grand
respect, par des habiles maîtres chirurgiens qui ont
toujours admiré sur toutes choses la tête et le crâne
de ce grand Saint , qui est extrêmement gros , et les
deux os des cuisses que les maîtres appellent le *femur*,
qui sont fort longs , épais et très-bien proportionnés ,
aussi bien que tous les autres os, et qui marquent que
ce glorieux Saint vivant sur la terre, devait être d'une
taille très-avantageuse, et qu'il avait un corps très-
vigoureux : ce qui est conforme à ce que dit S. Jérôme,
(1) dans la vie de S. Paul , premier ermite , lorsqu'il
nous fait remarquer que notre Saint, inspiré de Dieu,
alla chercher , à l'âge de 90 ans , ce saint solitaire

(1) At illi per noctem quiescenti revelatum est, esse alium ulterius modo
se meliorem , ad quem visendum deberet proficisci. Illico, erumpente luce,
venerabilis senex infirmos artus baculo regente sustentans, cœpit ire velle
quo nesciebat. Et jam media dies , coquente desuper sole, fervebat. Nec
tamen a cœpto itinere abducebatur...... *Et plus bas , ayant vu un hippo-
centaure :* Stupens igitur Antonius, et de eo quod viderat secum volvens ,
ulterius progreditur ; nec mora, inter saxosam convallem , haud grandem
homunculum videt. Neque vero gressus sequebantur animum , sed quamvis
corpus inane jejuniis seniles etiam anni frangerent, tamen animo vincebat
ætatem ; tandem fatigatus et anhelus ad habitaculum suum, confecto itinere ,
pervenit.... *Et plus bas :* Referebat postea Beatus Antonius tanta se velocitate , quod reliquum erat viæ, cucurrisse , ut instar avis pervolasset.
(*Ita D. Hieronym. in Vita Sancti Pauli.*)

qu'il n'avait jamais vu : en traversant tantôt un vallon pierreux ; tantôt marchant dans un sable brûlant, au fort du midi, où le soleil avait tellement échauffé l'air, qu'il paraissait tout enflammé ; tantôt grimpant sur une haute montagne, cheminant presque jour et nuit, pendant trois grandes journées de chemin ; et lorsqu'enfin, après avoir trouvé le saint vieillard, il lui alla quérir le manteau que S. Athanase lui avait donné, désirant qu'il le lui apportât pour l'y ensevelir : où S. Jérôme nous fait remarquer que le Bienheureux Antoine retourna à son monastère avec tant de vitesse, appréhendant de ne plus trouver S. Paul en vie, qu'il semblait qu'il eût des ailes, tant il marchait vite et à grands pas, appuyé seulement sur son bâton: *Referebat postea Beatus Antonius tanta se velocitate, quod reliquum erat viæ, cucurrisse, ut instar avis pervolasset.* Ce qui fait voir qu'il fallait que S. Antoine fût d'une constitution très-forte et très-robuste, comme ses saints os le témoignent. Sa tête est dans une châsse d'argent vermeil ciselé, plus grosse que le naturel, et d'un prix très-considérable, et ses autres ossements sont dans une caisse de plomb, enveloppés dans un drap d'or, où ils rendent naturellement une odeur merveilleusement suave et très-agréable, faisant sentir les effets admirables de sa protection à un nombre infini de fidèles qui lui adressent leurs vœux et particulièrement aux habitants de cette ville qui, en temps de maladie contagieuse, de sécheresse et de stérilité ont reçu des grâces très-singulières du ciel, par l'intercession de cet illustre saint.

Autrefois, on ne sortait ces saintes reliques qu'avec

cinquante hommes de garde, et encore aujourd'hui,
le capitaine-major se qualifie capitaine de la ville et
du chef de S. Antoine. Il marche à son côté, précédé
par les sergents de quartier qui vont devant, armés
de leurs hallebardes. On ferme les portes de la ville
pendant le temps de la procession générale qu'on fait
deux fois l'année, en l'honneur de ce Saint, savoir : le
17 janvier, qui est le jour de sa fête, et le jour de
l'Ascension. Et pour honorer cette fête d'une manière
toute particulière, les Pères Bénédictins qui ont la place
d'honneur dans ces processions, font venir du dehors,
à leurs frais, un chœur de musique qui se poste sur
un théâtre de bois qu'on a dressé devant la porte de
la grande église, pour répondre au motet que le chœur
de musique de cette métropole, qui est un des
meilleurs de France, chante pour saluer S. Antoine,
et comme pour le remercier de la visite qu'il rend au
glorieux S. Trophime, fondateur de cette église.

Enfin, Messieurs les Consuls, précédés par une très-
nombreuse noblesse, et par tous les officiers de la police
qui assistent à cette procession, aussi bien que
Messieurs les officiers de la justice, n'oublient rien,
ces jours-là, pour honorer le triomphe de leur incomparable patron S. Antoine.

Mais si la ville d'Arles est très-heureuse par la
possession des reliques d'un si puissant protecteur,
nous pouvons dire qu'elle n'est pas moins illustre par
l'avantage qu'elle a d'avoir donné la naissance au
grand S. Ambroise, Archevêque de Milan, comme
nous l'avons justifié par des preuves invincibles,
lorsque nous traitions du siége du préfet du prétoire.

C'est ce que nous allons encore confirmer , en répondant aux objections que le R. P. Antoine Pagi , provincial dans l'Ordre des Pères Conventuels de Saint-François, nous propose dans sa Critique historique et chronologique sur les annales de Baronius, où il tâche de donner ce grand docteur de l'Église à la ville de Trèves.

FIN.

www.ingramcontent.com/pod-product-compliance
Lightning Source LLC
LaVergne TN
LVHW022013080426
835513LV00009B/706